AF865851

novum premium

Bernhard Willi Engelreich

Gerechtigkeit im Schatten des Gesetzes und im Lichte Gottes

Gott liebt alle Menschen und alle schließt keinen aus

novum premium

Dieses Buch ist auch als e-book erhältlich.

www.novumverlag.com

Bibliografische Information
der Deutschen Nationalbibliothek:

Die Deutsche Nationalbibliothek
verzeichnet diese Publikation in
der Deutschen Nationalbibliografie.
Detaillierte bibliografische Daten
sind im Internet über
http://www.d-nb.de abrufbar.

Alle Rechte der Verbreitung,
auch durch Film, Funk und Fernsehen,
fotomechanische Wiedergabe,
Tonträger, elektronische Datenträger
und auszugsweisen Nachdruck,
sind vorbehalten.

Gedruckt in der Europäischen Union
auf umweltfreundlichem, chlor- und
säurefrei gebleichtem Papier.

© 2023 novum Verlag

ISBN 978-3-99130-362-6
Lektorat: Dr. Annette Debold
Umschlagfotos: Irina Miroshnichenko,
Pockygallery11, ArtDesignWorks,
Pavel Prosvetov, Wacpan,
Casejustin | Dreamstime.com
Umschlaggestaltung, Layout & Satz:
novum Verlag
Autorenfoto: Bernhard Willi Engelreich

www.novumverlag.com

Climate neutral
Print product
ClimatePartner.com/16547-2201-1002

Dieses Buch handelt von Gerechtigkeit und zeigt auf, dass Gerechtigkeit keine Sache ist. Sondern, aber auch nur zusammen mit Freimütigkeit, eine Persönlichkeit hat.

Da Argumente alleine nicht wirklich tragen, Beweise unnachgiebig und fix sind, Beweisführung hart und langatmig sein kann, wird es auch schwierig, zumindest kapitelweise.

Hier muss gewarnt sein, mein Schreibstil nutzt bewusst die Mehrdeutigkeit der Sprache, gewichtet oft auf einander aufbauende Umschreibungen. Der rote Faden „Gerechtigkeit" zieht durch Zeit und Raum, das ist eine Zumutung und setzt gedankliche Schwerelosigkeit voraus, um dies auszuhalten.

Es lohnt sich, ist mein Versprechen!

Klar, jede Reiseleitung würde dies im Vorfeld versprechen, aber bitte gehen Sie mit mir, mit diesem Buch durch „wunderbare" Welten, und brechen Sie nicht ab, wenn es in Ihrer Nase hier und dort einmal übel riecht oder das Bild eines Kapitels unheilig scheint.

Meine Entführung vor die Zeit und vor den Raum ist ebenso wie meine Sprache schwer verständlich, aber wir schaffen das!

Verlassen wir also einfach einmal unseren Körper für dieses Buch!

Vorwort

Schatten auf der Gerechtigkeit

Vorangestellt behauptet der Titel dieses Buches, dass Gerechtigkeit unterscheidbar ist, dass es also mehr als eine Gerechtigkeit gibt. Wie und warum das so ist oder ob es doch nur eine Gerechtigkeit mit Absolutheitsanspruch gibt, wird im Laufe der Aufführung zu klären sein.

Das Buch greift alles auf, was uns Menschen im Sinnen um einen Sinn bisher unverstanden blieb. Dennoch fundieren alle Aussagen in ihrer jeweiligen Summe nur auf dem von Gott mitgeteilten Zusammenhang. Der Text versucht durch sein bebildertes Reden, unser Missverstehen im Urteil und hinsichtlich der Gerechtigkeit Gottes deutlich zu machen.

Obgleich ich beschreibe, dass Gott selbst Gerechtigkeit ist, und meine Aussagen alle mit der Bibel belege, darf dennoch kein Kapitel dieses Buches als Auslegung der „Heiligen Schrift" verstanden werden!

Ich bin bemüht alle Missverständnisse, die durch unsere Religiosität aufgekommen sind, zu klären. Dazu greife ich zu ungewohnten Stilmitteln, zeichne sehr bunte Bilder, oft auch hyperbolisch, und wiederhole zentrale wichtige Zusammenhänge mehrmals. Besonders auffallende Wiederholungen aber dienen dazu, Irrtümer aus dem Blickwinkel verschiedenster Aspekte zu beleuchten.

Deshalb bitte ich ausdrücklich wiederholende Aussagen als nötig und nicht als Nötigung zu erachten.

Dabei sein in der Welt, das ist und bleibt körperlich und ist wunderbar, Gott sei Dank, aber nur das Wegschauen von allem Körperlichen erlaubt uns ein Hinschauen zu Göttlichem. Das geistige Wegschauen meint gerade auch unsere Frömmigkeit, diese muss ebenso wegschauen von ihrer Betroffenheit in ALLEN Religionen.

Als Schriftsteller dieses Buches verlange ich also nun vom Leser, wegzuschauen von gewohnten Denkmustern, sich freizumachen für die Zeit des Lesens, um dann jedes erkämpfte Kapitel in sich selbst zu hinterfragen!

Ich bitte den Leser/die Leserin, mein Buch nicht als Aufforderung zu sehen, als dass er/sie nun etwas ändern müsse! Das sei Ferne, aber ich verspreche, wenn du, liebes Publikum des Geschehens, es schaffst, neutral und wertfrei meine Darlegungen zu verfolgen, dann wird jeder in sich selbst es auch schaffen, die Wahrheit durch Liebe zur Gerechtigkeit frei zu lassen, und sich Freimütigkeit kaufen können.

Wie die Frageform der Überschreibung deutet, unterscheide ich zwischen Gott und Religion. Ich stelle zudem hier an dieser Stelle vorab fest, dass ich im Besonderen sinngemäß Atheismus und überbegrifflich auch die Wissenschaft mit zu den Religionen hinzuzähle.

Selbst wenn es viele sticht, wie gesagt, zuckt nicht auf, bleibt bitte neutral, also in diesem Sinne auch wertfrei!

Kapiteleinteilung

Einleitung

Die Religion selbst reagiert eh nicht, es sind nur die Menschen, welche den Religionen folgen. Menschen werden natürlicherweise in ihre jeweilige Religion hineingeboren, werden also *„Gläubige"*. In Wahrheit eben aber „nur" Anhänger einer entsprechenden Doktrin oder sehen die Zugehörigkeit zu ihrer Religion einfach als ihren kulturellen Hintergrund. Wenn nun die Zugehörigkeit „Aktion" erfordert, wird jeder einzelne Zugehörige dadurch erfasst. Das Wort „zugehörig" bereits beinhaltet und betont „Hörigkeit". Vor Gott aber erlaubt dies ganz gewiss nur den Sinn von Hören, genau formuliert zuhören, zuzuhören und eben nicht das Gebundensein aus der Natur der Sache heraus. Abhängig, ausgeliefert, gefügig, unfrei, all diese Attribute sind nicht in seinem Sinn im Rückblick auf sein Schöpfungswerk.

Die Institution der Körperschaft Religion verlangt Bindung. Bereits hier unterscheiden sich die verschiedenen Religionen durch ihre Ausprägung der jeweils geforderten Bindung. Ob lediglich eine lose Verbindung für die Zugehörigkeit genügt oder ob die Zugehörigkeit Anbindung definiert, also dass der Zugehörige an entsprechenden Handlungen Anteil nimmt. Oder ob gar Einbindung gefordert ist, also ein selbst Handeln des jeweiligen „Gläubigen" die Regel ist. Dieses Erfassen stellt Zwang dar, unbewusst für den natürlichen Menschen und wird eben nicht unbedingt als zwanghaft empfunden. Wir sind ja dort hineingewachsen und haben ein natürliches Zugehörigkeitsgefühl, wollen ja auch dazugehören.

Das alles hat mit „Glauben" noch überhaupt nichts zu tun, wir sollen ja nicht der Körperschaft wegen unserer körperlichen Zugehörigkeit Glauben schenken. Wie ein Baby aus der Wiege wächst, dann auch aus dem behüteten Kinderbett, so muss unser Glauben herauswachsen aus der natürlichen Zugehörigkeit. Nicht dass das Kind der elterlichen Fürsorge entwachsen muss, oder wir unserer religiösen „Kultur" körperlich entfliehen müssten, nein, es gilt nur schattenbildlich, was wir von Abram lernen, wenn er dann zu Abraham wird. Gott fordert, dass wir geistig entwachsen, und er will uns frei sehen. Genauso wie er uns geschaffen hat, nach seinem Bilde eben frei! Dies erfordert aber von uns, wo immer wir durch Geborensein hingehören, diesem Hingehören bewusst zu werden, es nicht als eine Natur der Sache zu akzeptieren, also hörig zu sein.

Ich benutze hier „Geborensein" anstatt „Geburt", scheint nur umständlich, aber ich ziele auf „Sein", es zeigt unser Ich, also unser Sein beginnt mit der Geburt, doch dass es nicht mit dem Tod endet, beleuchte ich im Verlauf dieses Buches.

Frei sein also definiert Gott mit mündig sein. Entscheidungen bewusst zu treffen und eben auch Gewohnheiten zu hinterfragen. Ins Bewusstsein zu holen, was wir durch Hineinwachsen, durch Gewöhnung überhaupt nicht wirklich realisieren.

Glauben an unseren Schöpfer bedarf eben einer mündigen und daher einer bewussten „Wiedergeburt"! Was bedeutet nun Wiedergeburt im gemalten Bild? Es meint den Unterschied, wie eben ein Baby vertrauensvoll das Fläschlein zu sich nimmt, natürlich eben, oder ein Erwachsener entschieden eine gesunde Nahrung für sich auswählt. Weg von dem körperlichen Bild meint es geistig, im unbedarft Hineingewachsenen zu sterben, um dann bewusst neu hineinzuwachsen in den wahren Glauben.

Dieser muss im Sinne der Religion lebenslang wachsen, also braucht er auch Futter. Lebendiger Glauben aber im Sinne von nun mündig und bewusst, sich selbst persönlich seinem Schöpfer anzuvertrauen, dieser Glauben muss nur festgehalten werden. Das ist eben genau jenes Glauben, welchem unsere Freimütigkeit geschenkt aus Gott folgt.

Wie gesagt, keine Religion reagiert aus sich, es ist immer die Körperschaft dahinter, welche galoppiert, wir sehen die Reiter ja auch offenbart. Mündig sein verlangt, was wir in der Welt sehen, auch im Schatten der Religionen zu betrachten.

Obgleich ich nun beispielhaft, weil nahestehend nur drei Religionen nenne, gilt allerdings mein Buch betont auch allen weiteren Hintergründen! Das Christentum wie der Islam und das Judentum stehen auf einem Sockel, welcher leider den Grund, der von Gott gesetzt ist, völlig überdeckt.

So fußen also alle menschlichen Institutionen nicht aus sich selbst, sondern entstehen, aufgebaut von Menschen und durch Menschen, die sich selbst beziehungsweise ihren Glauben darin verwirklichen. Im religiösen Sinne eben ihre Seele der „Frömmigkeit" verpflichten!

Es ist unsere Natur, ohne eigenes Bewusstsein, hineingeboren auch anzuhängen, also sächlich, „der" Doktrin folgend, an diese glaubend auch aufopferungsvoll dem „Goldenen Kalb" zu huldigen. Heiligung aber meint Absonderung, geistig nicht körperlich, geheiligt also vor weltlicher Indoktrination hin für Gott. Körperliche Absonderung jedoch, wie sie uns Gottes irdisches Volk darstellt, führt letztendlich immer zur Verwerfung unseres Schöpfers.

Wenn z. B. das Christentum auf dem hohen Sockel steht, gegenüber dem Islam und umgekehrt, ist dies das gleiche Bild wie Kain und Abel, dann werfen diese Körperschaften einen übergroßen Schatten auf den Ratschluss Gottes.

Was nützt Bildung und Verstehen, wenn wir nur einen Punkt als Horizont erkennen? Wenn wir aus begrenztem Blickwinkel unsere Meinung bilden, besteht diese doch größtenteils aus Einbildung.

Gott hat weitaus mehr Möglichkeiten als wir, von unserem „Stand"punkt aus, uns vorstellen könnten. Weil unser natürliches Wollen so ziemlich alles überwuchert, muss die Natur in uns alleine auf den Schöpfer ausgerichtet werden. Das ist Beschneidung! Nicht unser Beschnittenwerden in Dingen des Lebens, von außen wie willenlos, sondern von innen „willentlich" durch unsere Freimütigkeit.

So wie Gott ALLE Menschen liebt und daher unser ALLER Tun hasst, schließt eben ALLE niemanden aus, amen! Allahu Akbar, Gott ist am größten, Ehre sei dir, oh Gott, in der Höhe, halleluja.

Erster Teil

KAPITEL 1

Unser Leben, eine Metapher?

Stellen wir uns vor, Gott ist die Liebe.

Stellen wir uns vor, er stellt uns diese seine Liebe zur Verfügung.

Stellen wir uns nur vor, wir hätten bereits schon unsere Liebe, unsere eigene!

Denn alle Menschen haben ja Liebe, kaum vorstellbar, wenn man sich umschaut; aber nein, jetzt noch nicht umschauen, wir sollen uns ja nur vorstellen, Gott ...

... wäre, würde Liebe schenken, gnädig! Oh unser Horizont, zu klein die Vorstellungskraft?

Versuchen wir unsere Liebe eben auch festzuhalten, lassen sie nicht aus unserem Bewusstsein, immer wieder, wenn diese gerade versucht zu entwischen, packen wir sie an, erinnern uns an sie, sind glücklich, Liebe zu besitzen!

Oh schön, was ein Glück, das Feuer des Heiligen brennt, so schön warm ums Herz, gut dass wir Frömmigkeit fühlen können, gut tut dieser Moment.

Heilig ist er uns, deshalb wollen wir daran festhalten!

Ups, eben klingelt es an der Tür, ich denke ans Paket, UPS, oder war es Amazon? Weil wir öffnen wollen, öffnen wir, nein, wir müssen ja die SMS lesen, dieser stenografierte Kurztext, unverständlich, irgendwas von Info, von Nachricht, aber das war doch bereits die Message; ein Service, für uns, lieb, oder?

Doch trägt die? ... Nein, gerade ein kurzer Gedanke, ich habe ja meine Liebe!

Tief einatmend öffne ich eine E-Mail nach der anderen, der Kopf fasst so viel, ich bin ja gut, unbewusst zwar, aber gut. Eine, nein zwei von den kurz aufgeflashten Mails schienen mir wichtig, doch welche zuerst? Oh, das Vorsortieren kostet … fange ich einfach von hinten an und bearbeite die 4te, Wichtigste. JA, antworte ich gerade wieder dem Chef, weil wir immer lieber Ja sagen, es fällt leichter. Ja, ähm, das Nein schlägt meist hart auf, das will ja keiner. Was war noch, frage ich mich in diesem Moment? Was wollte der Vor-mich-hin-Gesetzte von mir? Mein JA höre ich noch im Innenohr. Ein unglaubliches Poltern im Flur, vor dem Büro, wassendassen?

Neu hier sind wir doch alle nicht mehr, dennoch gierig, also neugierig verlasse ich nur für einen winzigen Augenblick mein Eingebundensein, spicke durch den Türspalt, alles gelb-rot-gelb, oh Mist, ich habe DHL vor meiner Tür stehen lassen, schießt es mir durch den Kopf, das Geschenk! Widme mich aber, oh, was war gerade wichtig? Ja, höre ich mich wieder meinem Vorgessenen nicken, er fragt mich, wo ich denn sei! Ärgerlich, wo ist meine Liebe, gibt's die überhaupt? Ist aber jetzt gerade nicht wichtig, stört eher. Genau diesem Kollegen habe ich zigmal gesagt, dass ich keine Milch im Kaffee will, sauer wird mir davon, nein, nicht von der Milch, das ständige Fragen, was, wie, wo, wann; Mann, ich weiß nicht, wo mir der Kopf steht, kommt die auch noch mit dieser Kaffeefrage. Ich spanne doch gerade das Werkstück in die Vorrichtung, es muss gerade sein, weil es ganz gerade auszurichten ist. Mir fällt dabei ein, dass ich noch die Lagerregalleiter ausrichten muss, dass keine Edelstahlschrauben mehr da sind. Doch das Werkstück ist wichtiger, der Kaffee wird kalt, wo bleibt meine Liebe?

Mein Handy klingelt, das Display flimmert in Giftgelb, hab ich so programmiert, da bin ich stolz drauf! Kann schon farblich sehen, wie der Anrufer drauf ist; man muss ja reagieren können! Puh, ich werde blass, der Oberste der Etagen fragt, ob ich sprechen könne! Blöde Frage, denke ich automatisch, aber wieder dieses dumme JA! Im freundlichen, liebsten Ton natürlich, dabei, so natürlich sollte es gar nicht sein, eher unnatürlich, wenn man bedenkt, und denken … was war gerade noch wichtig? Pause wäre jetzt Liebe.

Fragt auch noch der Über-Vorgesetzte mit seinem dialektischen französischen Intellekt: „Wo sind Sie denn gerade?“ Nun bin ich meine morgendliche frische Liebe wirklich los; gerade, fragt er, dabei krümme ich mich eben unter die Ölwanne dieser Karre und baue einen neuen Katalysator ein. Es tropft, Mist, Öl, nein, im Affekt ist mir die Schraube abgeflutscht, mit dem einen Ohr, das Handy, ich weiß schon, warum mir Edelstahl lieber ist ... Wirr irgendwie;

der Kaffee tropft vom Schreibtisch, mir ist wohl beim Abrutschen der Schraube unbewusst der Kaffeebecher und genau auf das Geschenk, welches heute Morgen kam, von DPD für meine liebste Mutter. Ähm, Mist, ich darf die Frischblumen nicht vergessen, heute zu ihrem Runden, nicht, dass ich wieder den Kuchen aufschnitten muss. Aber schnell, die Zeit wird knapp, kommt mir wieder vor, wie relativ, morgen ist so weit weg. Jetzt schon weiß ich nicht mehr, was heute früh mein Boss wollte, was ich übermorgen bestimmt mache. Hab ja JA gesagt! Hoppla, mein Bauch knurrt, hab ich etwa nun das Wichtigste verschwitzt? Obwohl, es zieht kräftig in dieser Halle. Unangenehmes Gefühl, kalt, wo ist meine warme Liebe?

Hab mir Monat um Monat vorgenommen meinen Arbeitsplatz in dieser Werft zu kündigen, viel zu zugig diese riesigen Dampfer hier. Ganz fromm höre ich mich zu der hohen weißen Mütze sagen: „Bitte noch ein wenig Meer; Soße zu den Nudeln, und das Gemüse, das sie hier in unserer Kantine anbieten, ist ja auch so lecker.“ Ich komm nicht klar, warum lüge ich wieder, wo bleibt meine gute Erziehung? Oder ist's nur die Gier? Geht mir durch den Bauch, das Essen, was soll's, satt macht's jedenfalls, liegt an der Menge. Das alles nun im Kopf, ruft mir noch die Küchenkraft freundlich nach, dass ich keinen Nachschlag mehr zeitlich kann, so solle ich doch wenigstens Obst mitnehmen. Klingt mir noch in der Tasche, meldet sich ein vibrierendes SMS, fröstelnd versuche ich die schwere Tresortür aufzuziehen, muss doch dem Chef seine Spesenabrechnung begleichen, wie war noch der Code? Hilfe, ich fluche, wo bleibt meine Frömmigkeit, die Liebe?

Habe ich gerade das verknüllte Konzeptpapier in den Papierkorb geworfen? Schon wieder ist er voll, ich habe die Nase voll, was soll das alles? Ich will Ruhe! Mutter mahnt mich jeden Geburtstag: „Kind, werfe doch dein Glück nicht weg, deine Arbeit, die Werft, die ist doch so groß, die macht nie dicht." Hilfe, mein Kopf, heute ein runder, sie wird siebzig, die Liebe!

Oh, ich bin down, so alt schon, mir wird kalt, wo ist die Liebe, hab ich sie zu Hause?

Ja, mein Zuhause, ich plane dringend, schaue auf die Uhr und sage gleichmäßig und betont, sonst versteht er wieder nicht ... „Google, notiere den Termin Kirche für Sonntag acht Uhr in meinem Kalender" ... Obwohl, am Wochenende ist ja dumm, auch da noch so früh, im Unterbewusstsein ist mir jetzt schon bewusst, dass ich wohl wieder wie so oft am Sonntag ... und mir fällt der versprochene Zoobesuch mit den süßen Kleinen ein, da geht's Samstag früh los, sonst wird das wieder nichts. Einkaufen nicht vergessen, war die SMS, die mir mein Kühlschrank schickte, nun ist mir heiß, SOFORT, höre mich brüllen ins Telefon des Türöffners, als mein oberster Geldgeber vor der Tür des Bürotraktes im Regen steht und das Geld holen will, das ich nicht aus dem Tresor rausbekam, weil die Nicht-Edelstahlschraube vom Katalysator meines Schreibtisches in den Kartoffelbrei-Warmhalter der Essensausgabe gesprungen ist.

Ich verspüre Schuld, will mir nicht ausmalen, was passiert, wenn ausgerechnet meine einzig liebe Kollegin hier in dem Konzern diese Schraube mit dem Brei verschlucken täte. Teufelskreis, der Tag, nein, heute Nacht habe ich nicht schlecht geschlafen, aber ich bin jetzt schon kurz nach Mittag fix und fertig. Obwohl mein Gewissen, das schlechte, macht mir klar, fix war ich nicht, eigentlich gar nix. Dem Cheffe gegenüber sage ich, ach der merkt ja eh nichts, obwohl, nerven tut er; wo, frag ich mich, hatte ich überhaupt mal Liebe?

Dunkel in ihrer Müdigkeit schimmert etwas doof die Religion. Jetzt fällt mir auch ein, warum ich keine Milch mehr vertrage, in dem viel zu starken Tabak, der mir aus dem Kopf raucht. Mutter hat sie mir eingeflossen, als Baby, mit der Flasche schon, ich konnte mich nicht wehren, diese Religion mit dem Pfarrer zusammen, der hat meiner Mutter Mut zu gesprochen. Der wächst noch, die Kleine, die Liebe!

Siedend heiß fällt mir ein, als ich an Mutter denke, draußen im Regen, was soll der Arbeitgeber mit mir machen, wenn ich ihn im Regen stehen … Nein, ich bin's, ich bin stark, wollte ja schon Monat um Monat kündigen diesen Mist Arbeit. Im Zug, kaum ein Fahrgast, dem ich die Karte abstempeln muss, ist freundlich; das färbt ab, warum wohl wird meine strahlende Liebe matt, manche Momente mattschwarz? Fühlt sich dann wie Hass an, diese fromme Liebe. Das kommt davon, wenn diese nur aus der Flasche der Religion herausdoktriniert eingetrichtert wird. Ach, wie gut täte die Seligkeit, wenn sie nicht immer hin und her jagen würde.

Was ist denn nun gerecht? Ist es das Leben, welches ungerecht ist?

Fragen wir also nach dem Gesetz des Lebens!

Als Autor sage ich hier nochmals, es lohnt sich, dranzubleiben, wenn auch der liebe Lesende sich so manche lange Strecke über den Berg kämpfen muss. Nicht ein Mal, nein, immer wieder wird es in uns schreien, es reicht, und doch, die Strecke wird ab diesem Punkt mindestens noch doppelt so hart. Aber durchhalten lohnt sich immer, oben ist die Aussicht, nicht nur fromm, sie ist einzigartig!

Was genau einzigartige Gerechtigkeit wirklich bedeutet, erklärt im Verlauf nun dieses Buch.

KAPITEL 2

Die sphärische Kraft und die Trigonometrie der Kugel

Das wahre unsichtbare Licht der Liebe und der Gerechtigkeit ist eine Umschreibung unseres Welterschaffers.

Dies „namentlich" als real zu erachten wird abgelehnt, obwohl es keiner naturwissenschaftlichen Erkenntnis widerspricht.

Aus der göttlichen Sphäre heraus erscheint sein Licht.

Mathematisch lässt sich aus nichts natürlich erst mal keine Ableitung zu dem Bestehenden herstellen, deshalb erklärte uns Gott seine Herrlichkeit als existent, bevor etwas jemals ins Dasein kam. Das zeigt seine personelle Existenz bereits an, denn seine Herrlichkeit ist ein Titel, welcher sich auf eine Persönlichkeit bezieht, Gott ist also!

Die folgende umfassende Darlegung beruft sich keinesfalls auf Vollständigkeit, aber offensichtliche Missverständnisse sind entsprechend zu beleuchten. Irrtümer in Bezug auf Gott aus der Welt zu schaffen, das ist elementar und der Sinn dieser weitläufigen Abhandlung. Weil es eben auf den Grund ankommt, welcher gelegt ist!

Wir wissen ganz genau aus unserer Alltäglichkeit, dass eins aufs andere aufbaut! Wir wissen und erfahren es überörtlich und wiederholt, es gibt ein weites Feld der Irrtümer, welches zu pflügen ist. Dieses Wissen muss sich im Besonderen, ob wir wollen oder nicht, auf uns selbst, auf eben unser „Ich" innerhalb unserer Körperlichkeit spiegeln.

Es ist einfach und auch verständlich darstellbar, wie aus der für uns zwar unvorstellbaren göttlichen Sphäre punktuell eine lineare eindimensionale Sphäre erstrahlt.

Vereinfacht nur, aber es muss skizziert werden, wie es zu dem Raum für den „Grund“ kommt, weil halt jeder „Grund“ immer zuerst definierten Raum benötigt! Es ist eben überhaupt nicht fiktiv, wir kennen es aus unserer persönlichen realen Welt. Ein „Grund“ steht immer an erster Stelle, die logische Frage lautet ja zuerst warum, worauf oder weswegen!

Nur zur Verdeutlichung der Unterscheidung von geistigem und körperlichem Grund. Jede Umschreibung eines Bestandes, egal in welchem Bereich, beruht darauf, setzt Grund voraus. Beispiele wären: *Grund-Gesetz* staatlich oder *Grund-Recht* allgemein geistig und *Grund-Besitz* oder *Grund-Stück* körperlich persönlich, dann *Grund-Stein* körperlich sächlich oder eben die Satzung institutionell geltend, als *Grund-Regel* geistig in einer Körperschaft allgemein persönlich und so weiter, selbst Macht definiert sich nur über eine *Machtgrund-Lage* zur Erhaltung derselben.

Beispielsweise können wir „Herrschaft“ auch aus sich selbst heraus definieren. Somit ist das „Herrschaftsgebiet“, in welchem ein „herrschaftliches Recht“ gilt, nachfolgend. Da das Gebiet logischerweise bereits vor der Definition desselben Bestand hat, also bevor das gesetzte Recht durch Dekret über selbiges erlassen ist, gilt zum Zeitpunkt der Einführung *Unrecht*.

Wir schließen aber Unrecht generell aus, wenn wir den Grundsatz des Schöpfers in Betracht ziehen. Unrecht muss demnach auch aus der Schöpfung und eben bereits aus dem Raum, in welchen diese eingebracht wird, auszuschließen sein! Daher gilt als bestätigt, dass selbst der völlig leere Raum vor der Schöpfung keinen Bestand hatte. Es braucht also zuerst immer die Definition eines Raumes in jeder Kategorie, sowohl geistig als auch körperlich, als reale Dimension!

Nun sind wir hier aber vor jeglicher Definition, es ist ja noch nichts, was sich definieren könnte oder definiert werden müsste, noch nicht mal ein geistiger *Grund-Satz*. Also folgen wir der Logik der Schöpfung, direkt in die göttliche Sphäre, zuerst bildlich, später auch mathematisch.

Definieren wir einen Punkt, selbstredend gänzlich ohne eigene Dimension. Diese Null-Dimension des punktuellen Anfangs setzt sich nun linear fort; Gottes Sphäre erstrahlt durch Schöpfungs-Entschluss zur ersten Dimension, er, also der Schöpfer, definiert selbst die Eindimensionalität der Linie. Im Schöpfungsplan entfaltet diese erste Dimension zur Fläche demnach ein zweidimensionaler Bereich, aus welchem heraus wiederum unser dreidimensionaler Raum aufspannt. Dieses Konstrukt beschreibt nun einen stofflich völlig leeren Raum, ein absolutes Vakuum, aber mit der überörtlichen Anwesenheit von Gott an jedem definierbaren Punkt. Die göttliche Sphäre, nennen wir sie den Ursprung, der ersten Dimension, also die Sphäre null, ist nun logisch überall im entstandenen Raum als nicht materielle Entität zu erfassen. Diese Konstruktion von außerhalb gesehen wäre abgesteckt, ein definierter Raum innerhalb von Gott, ein dreidimensionaler Platz. Ein Raum ohne Voll-Mächtigkeit, folglich ohne die permanente Wirkung Gottes des Allmächtigen. Von außen beobachten wir ein Vakuum der Macht, aber dennoch das Weiterbestehen, also die Anwesenheit vollkommener Gerechtigkeit, in Gott selbst.

Gerechtigkeit in Vollkommenheit ist weder ein Aspekt noch ein Prädikat, sie ist als Funktion mit der Person des Schöpfers eins. Daraus wird auch deutlich, ohne überhaupt Größe und Form des Universums definieren zu müssen, dass innerhalb dieses dreidimensionalen Raumes örtlich überall eine Verbindung mit Gottes unzugänglichem Licht besteht. Es beweist sich also Gottes Gerechtigkeit, um die es uns ja im Besonderen geht, bereits hier im völligen Vakuum als anwesend.

Dies stützt sich auf die Beobachtung, dass der Schöpfer diese eindimensionale Erstreckung, also eine Linearität aus eben einer Reihe von NullSphären, in sich selbst herstellt. Bereits durch diese Reihe erschafft er seine himmlischen Helfer, welche den jeweiligen Sphärenpunkt ausmachen. Jeden einzelnen mit der Benennung eines Namens, aber auch einer Persönlichkeit, wir nennen es Nummerierung. Auf Gottes Befehl wird diese Eindimensionalität der Reihe von Sphärenpunkten zur ersten Fläche. Es setzen sich also Reihe um Reihe von Null-Sphären zur Auffaltung als zweidimensionale Fläche ebenso wieder an jedem Punkt der zweiten Dimension fort. Hier geschieht gleichermaßen auch das Aufspannen zum räumlichen Konstrukt, sodass Ebene um Ebene von Null-Sphären den nun aufgespannten Raum auffüllen. Die Darstellung jedes einzelnen Punktes als 3D-Matrix ist durch die Namensgebung eines jeden einzelnen geistigen Helfers realisiert. Obgleich stofflich und energetisch ein völliges Vakuum herrscht, ist der Raum also durch Gottes Geist erfüllt. Jeder gedachte Punkt wird ja von seinem Geist beseelt, mit welchen er eine genaue Hierarchie durch eben die erschaffenen und eingesetzten Geisteswesen als seine Benannten herstellt. Diese Boten im leeren Raum aufgestellt, gleich einer Armee Gottes, verhelfen durch sich selbst erst zur Definition des Raumes. Hierarchisch, rein geistig existent und personalisiert, also nach Gottes gerechter Ordnung dieser von ihm erstellten Struktur.

Aus der Sicht von außen steht also rein mathematisch die Sphäre null an jedem gedachten Punkt innerhalb des Raumes zur Verfügung, und zwar integral, eben ohne andere einzelne Sphärenpunkte der Matrix tangieren zu müssen. Mathematisch dargestellt zeigt sich deutlich, dass die eindimensionale Skala weder in der zweiten noch in der dritten Dimension des Raumes als aufgehoben gelten kann, denn jeder Null-Punkt ist mathematisch korrekt innerhalb des Raumes beweisbar und kann dargestellt werden.

Wohlgemerkt, außer Gottes geistigen Helfern, nennen wir sie Boten, ist nichts, also überhaupt nichts existent, nur vergeistigter Raum.

Wenn mit der Energie des göttlichen Geistes Verstofflichung bestimmt ist, also geschöpft wird, werden diese Boten zu Botenstoff.

Auf die Schöpfung von Materie in dieses Vakuum des Raumes hinein, welche aus Gottes Energie entsteht, kommen wir später. Auch der Schöpfungsakt der Kreation von Lebendigem wird ausführlich in dieser Abhandlung dargestellt.

Nur noch zum Mitnehmen, eine wichtige ergänzende Definition zur Zustandsmöglichkeit eines real existenten und dennoch absolut leeren Raumes.

Schon hier lässt die völlige Gerechtigkeit Gottes zur Herstellung desselben keinen Druck in den Raum wirken. Gott in seiner vollumfänglichen Persönlichkeit übt niemals Druck aus. Deshalb entsteht auch durch die räumliche Aufspannung aus der Nulldimension über die erste und zweite hin zur dritten Dimension kein Druck. So erklärt sich trotz der Auffaltung in diese einzigartige Dreidimensionalität die Absolutheit des Vakuums mit null Druck im gesamten Raum. Wir erfassen die Möglichkeit des leeren Raumes und können zugrunde legen, dass der Fülle Gottes selbst keinerlei Druck innewohnt. So erklärt sich die Unterordnung des erstellten Systems „Raum" ohne Existenz von Entropie. Sehr deutlich wird nun, warum die drucklose Sphäre Gottes dringend mit Gerechtigkeit zu beschreiben ist, denn nur eine einzige Ungerechtigkeit wäre logischerweise gleichzeitig Druckaufbau und würde durch die Existenz von Druck außerhalb der körperlichen Wirklichkeit des Universums eben dieses selbst zum Implodieren zwingen.

Wir können festhalten, dass im erstellten leeren Raum zwar Geist vorhanden ist, aber noch keine universale Gesetzlichkeit, denn diese bedeutet ja gerade, dass alles, was wir Naturgesetze nennen, also auch das Gesetz der Entropie, wirkt, ja wirken muss, weil es in Wirkung gebracht ist. Also befiehlt Gott durch den Schöpfungsakt von Materie gezielt auch unsere Wirklichkeit.

KAPITEL 3

Von nichts kommt nichts

Nun ein wirklich harter Übergang, aber weicher Fall, denn es existiert ja immer noch nichts, auch noch kein Universum. Gottes Sphäre ist ungestört in völligem Gleichklang mit den Persönlichkeiten Gottes, mit deren jeweiligen Prädikaten und allen Aspekten.

Ein Prädikat zur Veranschaulichung, was gemeint ist, lassen wir an dieser Stelle punktuell aufleuchten. Gerade weil ja das vorige Kapitel mit „drucklos" bezüglich „Gott" enden musste, befiehlt die nötige Gottesfurcht hier nun diesen Einschub.

Gott ist unendlich gütig, aber er ist kein Neutrum, er reagiert; obgleich Gott die reine Liebe ist, wirkt er auch mit dem Prädikat „Macht".

Die Allmacht Gottes mit dem Aspekt „König" wirkt zerschmetternd, also sehr eindrucksvoll, dies wird später im Buch noch angesprochen und erklärt, warum dies mit seiner absoluten Gerechtigkeit homogen ist. Zuerst aber ist im Folgenden sehr umfänglich, sprachlich und bildlich darzustellen, dass ein Zusammenhang von Gottes völliger Gerechtigkeit und unserem menschlichen Missverstehen den Zustand der Welt beweist, also wagen wir nun den Sprung in unser Jetzt.

Im Dschungel unserer Religionen zeigt sich die Verlorenheit des Menschen, weil wir alle sehr verletzlich durch den Wirrwarr unserer Doktrinen irren. Orientierung und Wegweiser schützen nicht wirklich, da in der „Wildnis" ständig Gefahren lauern, wir müssen immer auf der Hut vor „wilden Tieren" sein. Gerade die für uns nicht erkennbaren Gefahren sind die tödlichsten, weil diese ach so winzig und unscheinbar sind. Von welcher Gefahr reden wir hier, und was hätte das überhaupt mit Gerechtigkeit zu tun?

Ganz klar, die uns tödlichste Gefahr ist eben das nicht Verstehen!

Der Zusammenhang liegt auf der Hand, aber um diesen auch erfahrbar zu machen, müssen zuerst die Begrifflichkeiten der Religion im Sinne Gottes geklärt werden. Genau wie in der säkularen Rechtsprechung müssen die verwendeten Begriffe wie Urteil und Gnade, Schuld und Sühne, Einrede und Klage oder Mittlung, um nur einige aufzuzeigen, klar definiert sein.

Dieses „muss" gilt im Besonderen, um unser geistiges Leben gesund erhalten zu können. Die entsprechenden Begrifflichkeiten sind also allgemeinverständlich klarzustellen, sodass wie im Körperlichen krank machende Keime durch Fehleinschätzung ausschließbar sind.

Die meisten Religionen sprechen von ihrem eigenen Gott, deshalb muss dieser Begriff zuallererst und vollumfänglich definiert sein.

Gott ist eine rein geistige Person, unabhängig von unserer Dimension, also über unserer körperlichen Dreidimensionalität und mit nichts tangiert aus unserer Dimension, selbstredend auch nicht von Zeit. Dies hat Einfluss auf die vom Heiligen Geist verwendete Sprache als sinntragende Information, aus welcher eben der Sinn nur im Kontext der jeweiligen Begebenheit geistig oder körperlich zuzuordnen ist. Der Geist verändert dabei die Äquivalenz der Wortbedeutung, ähnlich wie wir es bei unseren variablen Zeitformen kennen, je nach Prägnanz.

Namen für die Person Gottes gibt es Hunderte, und das ist auch gut so, als Titel verwendet definieren sich Rang, Stand oder auch eine Würde. Schon hier wird klar, weshalb wir Gott, wenn wir seine Person meinen, mit dem eigentlichen Begriff „Schöpfer" klar und deutlich für alle Menschen umschreiben müssen.

Es ist wichtig, den Zusammenhang besonders zu beachten, wenn der Ausdruck „Gott" als Titel anstatt für die Persönlichkeit benutzt wird. Ganz prekär kann das sein, wenn dieser Titel noch dazu im hyperbolischen Sinn verwendet ist und dann mit der Person verwechselt wird.

Ein Beispiel: *„Gott steht in der Gottesversammlung, inmitten der Götter hält er Gericht."* Der Heilige Geist sagt mit diesem kleinen Vers in der Bibel enorm viel aus. Hier ist mit „Gott" gemeint: die Person des Schöpfers, aber im heilsgeschichtlichen Kontext als König seines irdischen Volkes; „Gottesversammlung" meint: das Amt des Hohen Rates als oberste jüdische Instanz; und „Götter" bezieht sich: auf den Sanhedrin mit dem Vorwurf von Amtsmissbrauch; zudem bedeutet, Gott „steht", dass er selbst einen Missstand mit der Tendenz steigend beobachtet, er also bereit ist einzuschreiten; „hält er Gericht" sagt aus, dass nur er als allgemeiner Gott die einzige Instanz für Rechtsprechung sein kann. Deutlich wird dies besonders durch den Folgevers: *„Wie lange noch wollt ihr ungerecht urteilen und gottlose Verbrecher begünstigen?"* Hier bedeutet „gottlose" fehlende Gottesfurcht, und „Verbrecher" erschließt sich durch den Kontext als falsche Gesetzesauslegung.

Man sieht also deutlich, wie wichtig es ist, die verwendete Sprache auch sinngemäß zu verstehen! Mit dieser genialen Formulierung durch den Heiligen Geist wird die aus Gottes Sicht untragbare Situation als alltägliche prekäre Praktik verständlich und treffend reklamiert.

So viel erst mal als Beispiel der verschiedenen Verständnisebenen, die zu berücksichtigen sind.

Wenn wir aber gerade bei Gericht gelandet sind, noch ein Ausflug in die Begriffe Schuld und Sühnung.

Der freie Wille des Menschen ist ein essenzielles göttliches Gesetz, welches in den Schöpfungsplan einfließt. Deshalb können wir auch nicht um etwas bitten, was wir selbst bewirken könnten, aber nicht wirklich umsetzen wollen. Wir können Gott doch nicht allen Ernstes bitten, den freien Willen eines Menschen umzukehren, aber wir dürfen bitten *„Dein Wille geschehe, wie im Himmel so auch auf Erden"*, zumindest in der Zuversicht auf ein letztendlich kommendes Friedensreich Gottes auf Erden.

Wir müssen unser eigenes „Wollen" deshalb zuerst Lügen strafen, unserem körperlichen, also dem Gefühl nicht erlauben, über uns zu herrschen, indem es sich als unser „Wollen" manifestiert. Es heißt ja auch: *„Heute, wenn ihr seine Stimme hört, verhärtet eure Herzen nicht …"*

„Glauben" im biblischen Sinn meint eben nicht etwas zu erwarten bzw. zu denken, dass es so sein wird, sondern meint, personell sich selbst ganz und gar dem Schöpfer anzuvertrauen!

Wir verantworten unser Tun, und das fängt mit unserem „Denken" an. Daher müssen wir zuallererst und immer wieder unser eigenes Bewusstsein schulen, unser Verständnis für die Sprache und der Wortbedeutung schärfen, um uns nicht zuletzt unserem „Wollen" und den Auswirkungen dessen bewusst zu sein.

Das Wort Gottes ist völlig schlüssig und trägt die Kausalität in sich, jede Auswirkung menschlichen Verhaltens auf Raum und Zeit zu erklären. Gerade deshalb benötigen wir den passenden Schlüssel, um das Reden Gottes aufzuschließen, um zu verstehen!

Die unausweichliche, vollkommene Gerechtigkeit erfordert eben immer ein „Begleichen" von Schuld, wir nennen es sühnen bzw. Sühnung. Unausweichlich ist, dass Gottes Gerichtsbarkeit jede Klage prüft und bei berechtigtem Anspruch „Genugtuung entsprechend des Verschuldens" zusprechen muss. Gott wird also jede erhobene Klage entsprechend der Rechtmäßigkeit entscheiden und auch Widerspruch bei Rechtsverletzung ablehnen. Für jeden Menschen und im Besonderen noch viel mehr für jeden „Gläubigen" gilt sich selbst „wahrzunehmen", sich eben mit Gottesfurcht im Vordergrund wiederzufinden. Im Spiegel der offenbarten sieben Gemeinden wird dies leicht erkennbar, denn dort diagnostiziert Gott ausdrücklich dem jeweiligen Engel der Gemeinden seinen Befund.

Was gerechte Sühnung bedeutet, sehen wir später noch, zusammen mit anderen wertvollen Geheimnissen Gottes.

KAPITEL 4

Namen ist Programm

Die Personifikation „Gott" wie auch die Definitionen von Schuld bzw. Sühnung verlieren leider im religiösen Sinn ihre Nomen und werden daher als nicht wirklich faktisch wahrgenommen.

Das ist quasi schon unser geistiges Todesurteil, im Sinne von unserem Missverstehen und beruht auf mangelnder Gottesfurcht. Dieser Mangel kniet auf dem Verhängnis, dass selbst religiöse Menschen, welche vorgeben Gott zu kennen, dennoch dessen Kraft und Lebendigkeit verleugnen.

Bereits das Infragestellen von Absolutheit der Wahrheit macht Gerechtigkeit fundamentlos, auf was sonst sollte sich diese begründen?

Die vollkommene Gerechtigkeit im Lichte Gottes ist keinesfalls mit der Gerechtigkeit zu verwechseln, welche wir Menschen durch unser Recht verankern, und daher sind auch Menschenrechte nur eine Illusion. Erklärungen dazu ergeben sich aus dem Bild einer Wolke, der Wolke sieben, auf welcher unsere menschlichen Vorstellungen oft schweben. Dort in Kap. 18 des Buches zeichne ich ein Szenario, welches die persönlichen Menschenrechte beleuchtet und diese aber, mithilfe von Albert Einstein, der sie umgesetzt sehen möchte, relativiert.

Vor Gott also, vor unserem Schöpfer besitzen wir keinerlei Rechte, sondern können uns nur aus Gottes Gnade und seiner Vorhersehung auf Vorrechte abstützen.

Man könnte meinen, die Bezeichnung „Schöpfer" wäre bereits genügend klar definiert, aber um ganz genau zu sein, müssen wir eben den Betracht vor den „Anfang" stellen, da Gott logischerweise schon davor Bestand haben musste. Wie ich es bereits mathematisch definiert und als Diagramm mit dem leeren Raum in Gott bildlich dargestellt hatte.

Daher hat die Umschreibung der Wortbedeutung „Schöpfergott" allererste Priorität! Unser Schöpfer selbst definiert sich mit dem Namen: *„der war, der ist und der kommt"*, und kürzt diese Umschreibung auf *„ich bin"* ab, mit dem Zusatz als Funktion *„der ich bin"*.

Die Nomenwurzel, welche der Geist Gottes in der alten Sprache Hebräisch verwendet, also JHWH, umschreibt ihn vollumfänglich als der Seiende. Da Gott immer Sprache und Mathematik als Werkzeug benutzt, können wir diese Kürzung auch mathematisch genau aus Gottes Sicht wie folgt darstellen:

[(ich war der ich war + ich war der ich bin +
ich war der ich sein werde)
(ich bin der ich war + ich bin der ich bin +
ich bin der ich sein werde)
(ich werde sein der ich war + ich werde sein der ich bin +
ich werde sein der ich sein werde)].

Spätestens durch diese Vollumfänglichkeit wird klar, dass Gottes Allmacht und Allwissenheit auf seiner Existenz oberhalb von Raum und Zeit fußt, was Schöpfung überhaupt erst möglich macht. Zudem kann Allwissenheit logischerweise nur in einer einzigen Person auflaufen, eine Person, die selbst örtlich und zeitlich „immerdar" ist.

Unsichtbares Licht der Schöpfung

Wie kommen wir nun von Raum zu Universum? Unser stoffliches Universum ist innerhalb von Gott dreidimensional aufgefaltet, tangiert also die rein geistige Dimension ihres Ursprungs nicht. Das Universum aber führt sich linear fort, ändert sich proportional mit jedem geistigen Hinzufügen. Die Zeit ist somit innerhalb dieser materiell körperlichen Dimension des dreidimensionalen Raumes und eben keine vierte Dimension. Daher kann sie in der Sphäre der geistigen Dimension auch nicht relativ wirken, sondern es besteht in der rein geistigen Existenz Gottes Gleichzeitigkeit. Es herrscht sozusagen keinerlei Zeitlichkeit, wie die Definition, Gott „ist", nur punktuell ausdrückt und dessen Anwesenheit unabhängig von Raum und Zeit als immer und überall anzeigt. Das Wirken des Geistes aus der sphärischen Welt in unsere Stofflichkeit hinein unterliegt also keinem Zeitlauf. Gottes Schöpfungskraft entspringt aus genau der Quelle, welche er uns selbst als das „Licht" bezeichnet. Mit der Formel $e = mc^2$ können wir dies mathematisch nachvollziehen. Der Schöpfer schöpft aus seinem unsichtbaren und ungebeugten Licht, eben aus der ihm innewohnenden Kraft, der aus ihm selbst entspringenden reinen und unsichtbaren Energie. Diese wandelt im Raum zu Materie und schafft somit erst in unserer Dimension die Abhängigkeit von Zeit. Ordnung entsteht also logischerweise nicht von selbst, weil die Zeit nur in die Richtung, in der sich die Unordnung erhöht, fließt, entsprechend der physischen Größe der Entropie und der Verlaufsrichtung des Wärmeprozesses.

Wie können wir uns nun die Entstehung von Materie und Zeit im Vakuum des Raumes vorstellen?

Im Vergleich zur Schöpfung von Lebendigem gelingt dies sehr einfach! Bereits vor über hundert Jahren haben wir naturgesetzlich beschrieben, dass sich die Masse und die Energie eines Objekts zueinander proportional verhalten und daher auch Masse und Energie ineinander umwandelbar sind.

Von Gottes Sphäre heraus kann an jedem Punkt innerhalb des Raumes, welchen wir nun All oder Universums nennen, hohe Energie gebündelt, also gezielt in das Vakuum unserer Dreidimensionalität einwirken. Diese Energie wandelt sich dort in Materie um, verdichtet also zu Masse. Da aber Materie nicht stabil bleibt und unmittelbar zerfällt, indem diese wieder energetische Wärme abstrahlt, bedingt dieser Zerfallsprozess sofort die Zeit. Je größer die Masse, desto langsamer ist die Zeit, physikalisch treffender aber ist das Phänomen mit „dichter" bezeichnet, da diese über die Schwerkraft der Masse gebremst wird, also der Zerfall kann durch die Schwerkraft der Masse langsamer abstrahlen. Da die einwirkende Energie proportional ihrer Quanten zu Materie wandelt, verhält sich die Materie proportional zu ihrer Dichte und wirkt als Masse. Daher ist Masse proportional ihrer Schwerkraft schwindend, die Geschwindigkeit also relativ, aber proportional des Zerfalls durch die Abstrahlung. Würde die Abstrahlung nicht von Masse gebremst, könnten wir den Zerfall bis zur Lichtgeschwindigkeit beobachten.

KAPITEL 5

Vor der Zeit ist keine Zeit ohne die Zeit

Wir kommen nicht umhin, es ist nötig, die Zusammenhänge mit physikalischen Begrifflichkeiten zu konkretisieren. Gerade weil wir uns nie tief genug in eine Frage hineintrauen, überlassen wir dies den sogenannten „Spezialisten". Dies ist ein Problem, da ja das Wort „spezial" schon einen Kreis um etwas Bestimmtes zieht und alle anderen Ebenen großteils ausschließt. Deshalb ist auch die Intuition dieses Buches sinnlich erfahrbar, anschaulich, wirklich und gegenständlich, ja auch etwas fantastisch die Wahrheit und Gerechtigkeit ans Licht zu bringen.

Nur die Existenz von Materie durch den Zerfall von Masse bedingt also die Zeit, nicht die Energie selbst. Die beim Zerfall freigesetzte Wärme, eine Form von Energie, ist leider kaum nutzbar, sie verhält sich entropisch. Der Prozess zeigt uns das Altern von Materie als unumkehrlich, da die Dreidimensionalität des Raumes energetisch ein geschlossenes System darstellt und der thermodynamische Prozess immer entlang der Zeit vorwärts abläuft. Bildlich dargestellt entspricht dieser Vorgang quasi einer Verbrennung innerhalb unserer Atmosphäre, die auch niemals rückwärts ablaufen kann.

Das Phänomen der Zeit wird dennoch missverstanden. Obwohl wir erfahren haben, dass ihr nur Masse, also Materie wie natürlich auch kleinste Teilchen, die Protonen oder Elektronen, unterliegen, geht man davon aus, dass Zeit dimensional wirkt, demnach eine dimensionale Größe sei. Es wird vorausgesetzt, dass das Licht, welches wir von fast unendlich weit entfernten Sonnen messen, entsprechend der Lichtgeschwindigkeit zurückgerechnet auch alt sein muss.

An dieser Stelle, lieber Leser, möchte ich etwas Auflockerung einbringen und füge dazu hier in das Kapitel eine Metapher ein.

Ein einfaches Bild, nicht um die Entfernungen zu relativieren, sondern eben um unseren „logischen" Umgang zu vermuteten Zeitabläufen humoristisch infrage zu stellen.

Im Strudel der Zeit

Also, wenn wir etwas entdecken, was länger braucht, dann muss es eben entsprechend früher angefangen haben? Wenn ich aber einen Apfelstrudel aus meinem Froster in den Ofen stelle, kann ich auch schon die Kaffeemaschine anschalten. Der Strudel wurde ja vorab zubereitet, keinesfalls ist er von alleine gekommen, weil eben die Bedingungen für einen Strudel entsprechend gut waren. Dennoch, im Radius der Erkenntnis meines Kaffee-Gastes, wegen der Spuren von Unordnung meiner Küche, hätte ich gewiss mein Zuhause nicht erst fünf Minuten vor seinem Eintreffen betreten.

Anders ausgedrückt, wenn das Licht eines Sternes, welcher x Lichtjahre entfernt, nun bei uns zu sehen ist, müsste dieser wirklich zwingend x Jahre alt sein? Muss also die Zeit, welche das Licht braucht für diese Strecke, bereits vergangen sein? Wie und wozu es zu dem Stern kam, lässt sich doch in unserem begrenzten Horizont nicht wirklich fassen! Eben genau wie bei meinem Strudel vorausgesetzt wird, dass ich diesen von Anfang an selbst gemacht habe. Hätte aber dieser Strudel nur den Geschmack und das Aussehen eines klassischen Gefrierstrudels gehabt, bräuchte mein Gast auch nur eine schlampige Haushaltsführung vorauszusetzen.

Nun aber wanderte dieser nussig delikate Apfelstrudel, hergestellt als wirklich einzigartige Delikatesse von meinem Lieblings-„Italiener", direkt über meinen Froster und meinen Backofen als Ganzes auf den Kaffeetisch, und die oben genannten Spuren kamen lediglich vom schnellen Aufbringen des Puderzuckers. Zudem könnte man diesen Strudel auch noch genossen haben, lange nachdem der Konditor nicht mehr unter uns weilt, sofern die Bedingungen im Froster und dann auch im Backofen entsprechend sind.

Eben genau wie die Entstehungs- und Erhaltungsbedingungen von „alten“ Fossilien es zuließen, diese heute zu genießen! Leider aber versteinert neuerdings nichts mehr, was Generationen nach uns ohne weitere Überlieferungen dazu zwänge, einen in Südamerika gefundenen keramischen Wassernapf eines Chihuahua eher für den Futternapf eines Meerschweinchens zu halten.

Na ja, wie auch immer, wir erkennen am Bild dieser Metapher, die Beweisführung in vorgeschichtliche Zeiten wirft immer viele Schatten. Wahrheit durch eine nicht wirklich verifizierbare Realität zu beleuchten zerbricht im Licht der Gerechtigkeit!

Zurück in die Realität der Fakten, bitte lieber Leser, ich spreche zwar von wägbaren Fakten, aber diese sind natürlich nicht mit der Goldwaage abzuwägen. Dieses Buch ist physikalisch, chemisch und auch mathematisch keine wissenschaftliche Abhandlung.

Infolge des Buchtitels aber, verzeiht mir, „... im Schatten des Gesetzes ...“, ist doch selbstredend, dass hier auch und im Besonderen der Schattenwurf von „Natur“gesetzen ins Licht gestellt werden muss.

Doch keine Angst, Herr Hawking auf der Wolke meint, diese halten stand, und Herr Einstein meint, aller Relativität zum Trotz, Naturgesetze sind auch mit Gerechtigkeit und Wahrheit überein, solange sie mathematisch verifizierbar eine Gleichung ergeben.

Nun also frisch metaphert weiter im Takt der Zeit, welche zu diesem Zeitpunkt im Verlauf des Buches allerdings noch überhaupt nicht läuft und sowieso nur mit der Erschaffung der ersten Materie startet.

Also wie gesagt, auch Folgendes möchte ich wieder nur zur Veranschaulichung und sehr vereinfacht am Rande darstellen.

Zum Schutz unseres Planeten vor einstrahlend tödlichen Energien dienen Magnetfelder, Strahlengürtel, Plasmabarrieren und die Erdatmosphäre. Unser Planet ist also durch mehrfache Schilde vom Weltraum getrennt, diese schützen auch vor der thermodynamischen Wechselwirkung der Kälte des Alls. Innerhalb unserer Atmosphäre, welche eben kein Vakuum ist, unterliegt einstrahlende Energie im kleinsten Lichtteilchen, ähnlich wie die Materie, der Reibung. Hochwellige Strahlung wird am Eindringen durch die Dichte der Teilchen gehindert und größtenteils wieder in den Raum zurückgeworfen. Von der Frequenz der Energie bzw. des Lichtteilchens, also eines Photons, hängt seine „Farbe“ ab. Wird die „Frequenz“ flacher, reicht die energetische Strahlung des Lichts von einer ultravioletten, also der unsichtbaren Strahlung hin zu sichtbarem Licht und dann darunter zu Infrarotlicht, der Wärmestrahlung. Sonnenenergie strahlt folglich eine breite Spanne von Wellenlängen und radioaktiven Frequenzen aus. Gäbe es diese unsichtbare Schutzhülle nicht, wäre Leben auf unserem Planeten schlicht unmöglich.

Die Zusammenfassung, wenn auch nur als Strichzeichnung und laienhaft dargestellt, zeigt auf den Finger Gottes. Dieser wiederum zeigt, dass einzig die Gerechtigkeit im Wesen Gottes statisch ist. Die Grundsätze Gottes, sprich sein Gesetz, bleiben unabänderlich, denn es kann durch nichts tangiert werden. Weder von physikalischen Größen noch von energetischer Interaktion und auch nicht vom Geist. Die Zeit selbst wirkt keinesfalls auf geistige Strukturen ein, so wird deutlich, dass im Unterschied zum irdischen Recht die Gerechtigkeit Gottes keiner Verjährung unterliegt. Von vornherein schon logisch, da die vollkommene Gerechtigkeit eben Gott selbst anteilig ist und daher bereits durch Anwesenheit Gottes im Vakuum des Weltraums besteht. Genauer gesagt, weil eben das Universum selbst im Raum mit diesem innerhalb von Gott existiert.

Somit unterliegt Gerechtigkeit keiner Macht, keiner Gewalt und keiner Zeit!

KAPITEL 6

Gesetz fordert Recht, und Recht fordert Gerechtigkeit

Nehmen wir nun in Betracht, wie es zur Realisierung von Materie kommen kann. Auf organische Schöpfung, also die Kreation von Leben, gehe ich später in nachfolgenden Kapiteln genauer ein.

Gott nutzt Mathematik und Sprache, alles ist ineinandergreifend geplant, wir sehen eine Gesetzlichkeit im Ablauf, nennen dieses Fixum wie gesagt Naturgesetze. Gerade weil sie für uns auch physikalisch messbar sind und daher durch Wirkung und Zustand verifizierbar werden. Gott aber ist es, der geplant aufzeigt, der mit seiner Schöpfungskraft und durch sein Wort die nötigen Informationen implantiert und unser Universum technisch in seine Entfaltung führt. Aus den vorigen Kapiteln geht hervor, warum die elementaren Abläufe ohne Abweichung immer wieder zum selben Ergebnis wirken müssen. Ob wir verifizieren oder nicht, spielt dabei keine Rolle, die Vorgänge folgen immer dem von Gott vorgegebenen systematischen Plan. Nichts ist in der Lage, weder Schwerkraft noch elektromagnetische Kraft noch starke oder schwache Wechselwirkung kann gegen das Gesetz verstoßen.

Also halten wir fest, die unbelebte Natur ist immer im Einklang, sie folgt nur Gottes Vorgaben ohne ein Verletzen der Gerechtigkeit.

Alles Lebendige wird selbstredend infolge des Entstehens von Materie, diese nutzend ins Dasein gerufen. Wir müssen daher von mindestens drei kausal selbstständig entspringenden und unabhängigen Existenzprozessen sprechen. Diese aber können mechanisch auf nur einen einzigen geistigen Initiator zurückgeführt werden. Die Bausteine der Materie und die Bausteine des Lebens nutzen die genau gleichen Grundlagen, und dennoch erkennen wir die Unterscheidung von Lebendigem und Totem. Anorganisches Leben gibt es nicht. In der Nachfolge bzw. Zusammensetzung von organischen Bausteinen erlauben nur Bindungen auf biologischer Ebene, vereinfacht ausgedrückt die der Proteine alles Lebendige. Das allerdings benötigt dringend Information. Nie konnte eine Kettenbildung von Aminosäuren jemals künstlich von Menschen instruiert und aufrechterhalten werden, um überhaupt erst einen Datenträger der Information zu gestalten. Diese provozierten Ketten reißen lange vor ihrer Endlichkeit ab und fallen somit einer selbstständigen Bildung von Leben in den Rücken, zeigen diese als Unmöglichkeit an. Die Notwendigkeit der Information und des Informationsflusses auf beiden Seiten der Schöpfung erforderte bereits den „unwissenschaftlichen" Schluss: *„Wenn wir nicht wüssten, dass es keinen Gott gibt, wäre dieser schon dadurch bewiesen!"*

Daraus resultiert die Notwendigkeit, die umfangreiche Kausalität, welche Gottes vollkommene Gerechtigkeit beweist, hier auch nachvollziehbar aufzuführen.

Durch sein lebendiges Wort schafft er Lebensformen, spendet Leben, welches er selbst hat und was die Person Gottes selbst ist! Er gibt somit bereits sein Eigentum, das Leben weiter und stellt dies der geistig und seelisch toten materiellen Körperlichkeit zur Verfügung. Alles Lebendige bleibt somit rein rechtlich in seinem Eigentum, nur der Besitz wirkt in der Lebensform, nach einer von Gott gezielten und geplanten Ausführung. Hier meint „Ausführung", wie im Wort schon bildlich mitgetragen ist, den Typus, also die Art.

Es sind eben keine Nebensächlichkeiten, welche den Beweis führen, sondern essenziell sind Klarheit, Logik und Gerechtigkeit. Recht also, welches sich nur mit einem Rechtsanspruch und der Umsetzung desselben zu Gerechtigkeit summieren kann.

Darum dreht sich unsere gesamte Welt, es geht doch immer um Rechte. Unrecht selbst hat also keine Existenz, Unrecht lässt sich nicht beziffern, zählen oder festlegen, es ist eben nur die Abwesenheit von Recht, wie auch sprachlich deutlich ist. Das „un" vor dem Recht meint schon ohne Recht, und deshalb können wir bei allem, was uns zusteht, nur von „Vor“recht reden.

Dies ist aber bloß ein Aspekt Gottes, daher müssen wir, um korrekt zu definieren, auf die Persönlichkeit „Gott“ noch genauer eingehen. Denn es ist essenziell und muss beachtet werden: Die vollumfängliche Person Gottes ist nicht fassbar für unsere Welt, alle Rahmen innerhalb unseres Universums können Gott nicht fassen. Würde Gott also mit seiner mannigfaltigen Person in unsere Welt wirken, wäre diese sofort terminiert.

KAPITEL 7

Licht strahlt wahrheitlich

Nun mag es für manche unnötig erscheinen, die Zusammenhänge so weit auszurollen, aber dieses punktgenaue Definieren macht es erst möglich, die Basis von Gottes vollkommener Gerechtigkeit zu vermitteln.

Es ist leider Tatsache, dass wir durch die vielen verschiedenen Religionen unsere entsprechenden menschlichen Begrifflichkeiten und dadurch unsere Wahrnehmung, was Gott meint, ziemlich ramponiert haben. Im säkularen menschlichen Gottesverständnis bildet sich vielfach die Meinung aus, es gäbe keinen Gott oder Gott könne nicht eingreifen. Schlimmer aber ist das religiöse Gottesverständnis. Es führt dort zu Meinungen, Gott wäre auch ein böser Gott oder würde das Böse unterstützen, um die Menschen zu prüfen oder eben zu bestrafen.

Bedanken wir uns also bei unserer institutionellen Vielfalt für den Wirrwarr, der sich daraus ergeben musste, indem wir für gewöhnlich Meinungen festnageln und Lehren daraus zimmern.

Aus Idealismus entspringt Doktrinarismus, Doktrin verlangt nach Gesetzlichkeit, welche durch kulturelle Eigenarten unsere sehr unterschiedlichen Grundtendenzen, das heißt unsere Auffassung, bedingt. Wenn nur am Beginn der Kausalität kleine Missverständnisse vorliegen, ist das bereits elementar für unser Fehlen. Fundamentalismus auf dieser Basis ist verheerend.

Hier sind wir dann beim Idealismus, der unsere subjektive Meinung, vom Mainstream getragen, also die starke Neigung, unsere Narrative in die Wirklichkeit zu katapultieren, um diese als Wahrheit zu relativieren. Hier gilt aber kein Umkehrschluss, dass alles wahr wäre, solange man die Lüge nicht kennt oder eine Unwahrheit nachweisen könnte. Nur relativ wahr ist eben Lüge, also unwahr. Nicht unser Fühlen oder unser Meinen, nicht unser als wahrscheinlich Einschätzen erzeugt Wahrheit, sondern ist eben nur ein „für wahr halten“. Das hat überhaupt nichts mit „glauben“ im geistigen Sinn zu tun, denn dieses „für wahr halten“ betrifft nur die körperliche Ebene unserer Dimension. Wahrheit selbst misst sich nicht, man kann sie auch nicht mit Gefühl abwägen. Es braucht dazu eine klare Aussage, eine Definition von dem, was seiend ist, nachweislich messbar, also Wissen. Der Erschaffer gibt uns deutliche Aussagen und bedeutet uns diese als grundlegend, das ist aus sich schon ein Axiom und bedarf eigentlich keines weiteren Beweises.

„Einen anderen Grund kann niemand legen als der, welcher gelegt ist“, umschreibt uns also genau diese Evidenz!

Religionen zittern in ihrer Polarität des Trennens und des Vereinens mit dem unmöglichen Ziel, doch eine Einheit der Gegensätze zu erreichen. So wie auch im Anfang nur Chaos herrschte, ein großes Tohuwabohu, aus welchem Gott erst Ordnung herstellen musste. Dieses Chaos, nennen wir es einfach nur Unordnung, entwickelt sich demgemäß exponentiell und muss daher immer wieder linear durch Eingreifen und Klarstellen geordnet werden. Halten wir also am Rande fest: Fehlende Ordnung bedarf immer einer ordnenden Systematik, die Zeitachse lässt sich nicht stoppen, der Verfall ist, wie schon gesagt, nicht umzukehren.

Zurück zu unserem Schöpfer, dessen Mannigfaltigkeit wir aus unserer Begrenztheit, welche sich aus der dreidimensionalen Einfältigkeit ergibt, nicht wirklich begreifen können.

Unser Ausgangspunkt aber, Gottes völlige Gerechtigkeit, muss für uns alle schon aus der Beschreibung seines Wesens erkennbar werden. Die ungetrübte Reinheit des Lichtes, welches er vollumfänglich ist, muss uns einleuchten. Nichts hält dem Licht stand, was Schatten werfen würde, beschreibt einen Zustand von Unrecht in seinem Lichte als unmöglich. Hier wird deutlich, warum keinerlei Lüge oder Hass zu Gott gelangen kann. Nichts wohnt ihm inne als nur Wahrheit und Liebe. Alles andere wie Güte, Geduld und Gnade reduziert sich direkt aus eben diesem Wesen.

So wie die Namen Gottes seine Stellung zu uns, personenbezogen, umschreiben, als Abba, mein Vater oder Herr, mein Herrscher, beleuchten diese auch einen möglichen allgemeinen Zustand Gottes. Seine Zuständigkeit wie König, Messias, Heilsbringer.

Starker Gott, mächtiger Gott, höchster Gott umschreiben seine Wirkung, aber Namen wie lebendiger Gott, gnädiger Gott, barmherziger Gott beleuchten innerhalb seiner Göttlichkeit im Besonderen seine Wesensart. Noch wichtiger als nur den Namen als Nomen zu erkennen, sind die Nennungen himmlischer Gott, Gott der Erkenntnis oder Gott des Wissens zu erachten, denn diese bezeichnen seinen Besitz. Am wichtigsten jedoch ist die Erkenntnis, was Gott selbst ist, wie die Liebe, das Licht, die Wahrheit und das Leben.

Nun zeigt sich Gottes Gerechtigkeit, um die es hier übrigens hauptsächlich geht, als nur ein Teilaspekt seiner Gottheit, aber eben, und das ist essenziell, auch als ein Beweis seiner Existenz.

KAPITEL 8

Beweglichkeit der Denkstruktur

Zur Auflockerung schiebe ich nun das achte Kapitel als eine Anekdote hier ins Buch. Die Acht steht ja für Neuanfang, also male ich einfach ein neues buntes Bild.

Damals in Rohrbach im Ei, nicht an Ostern, es war ja Sommer, eigentlich egal. Aber das war ein richtiges „Englisches Institut", das EI, wir Schüler waren stolz! Ja, wir lernten viel Englisch, zwar nicht ganz durch, aber das wollte ich nicht erzählen.

Nur von Mr. M. More dem Mathe-Ass-Lehrer, der war unser Idol. Mein verschwippter Schwager Mike ging dort länger hin, ich war quasi nur zu Besuch, relativ halt. Aber damals schon, da hatten die dort drei Hausmeister gleichzeitig auf dem Hof kehren, faszinierend, und die Schüler, die waren wirklich bekehrt, fast wie Engel in Reih ohne Glied liefen die dort, mitten hinter der Weststadt, den Rohrbach hinunter. Nein, das war jetzt nicht das Thema, von der Mathematik wollte ich doch sprechen, die dort neben dem Englisch praktisch seziert wurde. Dieser Mr. M. More, ja, der war Mikes Lieblings-Teacher, Mike hatte sogar dessen Konterfei vorne auf dem TShirt, mir etwas suspekt, klar, aber Mike teilte eben denselben Vornamen, Michael. Nun denk ich grad auch wieder an Engel, sorry, die musizieren ja so schön. Egal, damals, also vor einem halben Jahrhundert, wusste man schon mehr als heute, alle Schüler konnten ja die drei Hausmeister sehen, ja mussten sie sehen, alle Fenster der Klassenzimmer waren hofseitig, die institutionellen Gebäudeteile waren algebraisch um den zentralen Punkt gebaut. Super Architektur! Ja, wir wussten damals anschaulich, die drei Hausmeister, ein Ehepaar, genau Mann, Frau und ein Hilfsgärtner, sie hieß? Ich weiß nicht mehr, Eva, mein ich! Egal, aber alle drei bekehrten das glänzende Gelände, kreuz und quer, ja die brachten alles unter einen Hut, zu Unzeiten. Wir wussten daher, auch wenn sie's innen trugen die Leute, oft was unter den Teppich kehrten, dass Meister im Haus auch weiblich sein können. Heute nun, alles vergessen? Heute gibt's nur noch männliche Meister, so ein Sexismus, völlig quer, abgefahren dieser Gender-Wahnsinn. Dabei, Sinn macht das nicht, wir wussten damals, dass der Artikel des Weiblichen und Männlichen und Sächlichen nicht geschlechtermäßig zu Quoten führen muss. Wir wussten, dass der Sexus nur dient, aber eben nicht bedient werden darf.

Wir wussten, dass der Der-die-das-Artikel dazu dient, dem Substantiv umgangssprachlich eindeutiger ein Objekt zuzuordnen. Basta, nicht mehr und nicht weniger, kein Prädikat eines Zustandes, von wegen „66" unterschiedliche Geschlechter! Wir hatten damals mit zwei unterschiedlichen Spaß genug! Verrückt heute die Leute, klar, dass dann als Notlösung nur „Entrückung" passt!

Wieder von Mathe abgeschweift, was für ein Buch, wie es sich stapelt zur Abarbeitung. Apropos Arbeit, ich bin alleine heute am Arbeiten im Gymnasium, aber dem von der Elisabeth, als Meister meine ich jetzt nur. Könnte man sich dort auch nicht leisten, drei Hausmeister, gibt ja so viele Lehrer am Thadden, kein Platz mehr! Ist halt ein denkmalgeschütztes Naturbiotop, dieses geheiligte Anwesen. Ja, geheiligt ist es vom Rest des Ortes mit einer sehr dicken Sandsteinmauer, und einen Mathematik-Moor gibt es dort auch. Schwarz in Schwarz meistens, dieser Moped-Rocker, dabei ist er echt aufgehellt, der weiß viel! Nun, die Elisabeth, immer nur sparsam bei denen die kehren. Obwohl Besen en masse, in jeder Ecke stehen, hängen und liegen welche rum, ja heute gibt es sogar Sofas in den Schulen. Neidisch bin ich nicht, höchstens auf einen Kollegen, der mir fehlt. Derer hatte ich zwar schon drei, aber nur nacheinander und nicht immer, egal, mir macht's nichts aus. Hätte ich im Ei besser aufgepasst, wüsste ich, wie man sich aus der Arbeit rausrechnet und beim Hochdividieren den heißesten Kaffee bekommt. Also damals, der Mr. M. More lehrte uns, um auf den Wert zu kommen, müsse man den Zähler auf den kleinsten Nenner zwingen. Wenn das ganz kompliziert wurde, kam der Kehrwert. Schon immer, dieses unverständliche Belehren wieder und wieder!

Der More sagte oft verzweifelt, dass wir nur philo-mathesophisch könnten. Bis heute nicht kapiert, was der meinte, aber er hat uns sowieso auch belogen! Der Mister, von wegen Kehrwert, er hat die Formeln nämlich auch nur mit dem nassen Schwamm von der Tafel gelöst.

Egal, Schwamm drüber, den Menschen fehlt generell die Logik, wollen mit Wissen gefüllt werden und vertrauen auf Lehrer. Der andere Namensvetter von Mike, der Michael von der Elisabeth, der evangelisch-mathematischen, sagt, auch Namen sind Programm. Mein zweiter Vorname ist Willi. Nun, der Michael, der liebe Engel, brachte mich darauf, dass alles zusammenhängt mit den konstanten Variablen, warum es also rein mathematisch schon immer noch nach mehr verlangt. Much more würde man neudeutsch sagen. Der MMM zeigte mir schnell, dass man eine Wurzel ziehen kann zur Analyse des Rechen-Baumes, ob er denn stimme, der Baum, also gesund sei.

Dazu später much more, spannend wird's sicher, denn ein Engel hat Mohammed beauftragt einen Baum zu pflanzen. Nicht der Michael, beim Propheten war der Gabriel, sehr erzenglisch war der. Was hat denn nun Mohammed mit der Mathenummer zu tun? Oder mit dem Baum, welcher ja erst demnächst ins Paradies gesetzt wird?

Wir alle wissen doch, Adam und Eva hatten schon ihre Last mit ihrem Religionsbaum!

Aber, was zum Propheten hat nun überhaupt ein Baum damit zu tun, noch dazu einer, der erst fünftausend Jahre später folgt, also lange nach dem ersten Religionsbaum aus dem Boden gekämpft wird und heute schon tausendvierhundert Jahre lebt? Wie groß können Bäume überhaupt werden, und was haben die für großartige Wurzeln? Rätselhaft alles! Eben fragt auch ein SMS, wer denn nun MMM sei? Doof, so viele Rätsel, meint das Display flach, doch genau wie in der Offenbarung sagt mir eine Stimme: „Versiegle, was die sieben Donner geredet haben; schreibe es nicht!"

Vielleicht aber analysiert es sich doch in den späteren Kapiteln oder sogar mithilfe der Wurzel des Islams.

KAPITEL 9

Gebenedeit sei der geistliche Kampf im geistigen Leben

An dieser Stelle nun www, ein wirklich wichtiger wallender Einschub, fast Metapher artig und doch nur die sichtbare Verknüpfung von Geistigem und Körperlichem.

Ich zeige damit umgekehrt jetzt auf einen geistigen Kampf im geistlichen Leben, welcher klarmacht, dass „geistliches Leben“ eben doch nur körperlich ist!

Wir dürfen unseren Glauben nur auf den Schöpfergott abstützen, nicht auf irgendetwas anderes. Wir dürfen nicht irgendwelchen Institutionen folgen, keiner Religion, keiner Sektierung glauben. „Glauben“ im göttlichen Sinn meint auf den Punkt gebracht, uns selbst mit unserem Geist und unserer Seele, also ganz und gar, im Hier und Jetzt unserem Schöpfer anzuvertrauen. Gott vertrauen, dass er es mit uns gut meint, ihm wahrhaft glauben, dass Gott, wie er sagt, alle Menschen liebt und daher unser aller Tun hassen muss.

Gott ist größer als alles, wir dürfen nicht unserem Gefühl folgen, das führt nicht zum Ziel. Wir sollen auf nichts Weltliches hoffen, denn wir können nichts aus uns selbst bewirken. Wir dürfen uns nicht auf irgendwelche Geister, die in uns schreien, abstützen. Der Heilige Geist Gottes beeinflusst uns niemals, das ist Gottes Ratschluss, amen.

Was nützt alles Reden, wenn doch alles offenbar gemacht wird und seit fast zweitausend Jahren offenbart ist? Wenn wir sehen, was Realität ist, diese aber nicht wahrhaben wollen, dann lassen sich eben „Päpste“, wie alle Ordinationen, mit geistlichem Titel entgegen Gottes ausdrückliches Verbot würdigen. Verehrung jedoch steht keinem Menschen zu, daher gilt der geistliche Titel lediglich dem Amt, aber dieses ist auch, wir wissen es, aus menschlicher Indoktrination entwachsen. Was nützt uns diese Vermischung, vor welcher uns Gott warnt, es gibt nicht „das Böse“, also was müssen wir verteufeln? Das führt zu nichts!

Lieber Leser, NEIN, ich gendere nicht, das ist sicher schon aufgefallen. Außerdem meint „Bruder“ im geistigen Sinne immer auch Geschwister, schließt also Schwester mit ein. Folglich liebe Brüder dem Fleische nach, wir müssen auch Brüder im Geiste werden. Weltliches und Geistiges ist nicht durch Örtlichkeit und nicht durch Zeitlichkeit zu trennen, sondern nur bewusst in uns selbst durch Absonderung. Also klar ist, wir können uns nicht vom Irdischen trennen, sondern leben weiter in der Welt, sollen diese auch nach Gottes Ratschluss benutzen, ohne ihr zu schaden und selbst aber dürfen wir auch keinen Schaden davon nehmen. Was nützt es zu verteufeln, wenn es doch in dir und in mir und eben in allen Menschen wirkt?

Wenn nun beispielsweise „Benedikt“ in seiner Personalunion als Amtsträger dem Amt verpflichtet ist, also sich einer menschlichen Doktrin unterstellt, in Gleichzeitigkeit aber eben auch als „Ratzinger“ lebt, müssen wir dies ebenfalls trennen. Vor Gott ist nur „Herr Ratzinger“ verpflichtet und sofern dieser sich seinem Schöpfer unterstellt hat, auch in Gottes Wirkung.

Nun hat aber Gott, wie wir wissen dürfen, alle irdischen „Mächte und Gewalten“ mit seinen himmlischen „Mächten und Gewalten“ ausgewogen, deshalb brauchen wir uns darum auch nicht zu sorgen. Ja, wir dürfen eben Gottes Waffenrüstung dazu nicht verschleißen!

Um nun beim Beispiel „Benedikt“ zu bleiben, welches hier sinngemäß auch alle weltweiten religiösen Körperschaften spiegelt, wird offensichtlich, dass der Geist nicht unbedingt göttlich gestützt ist. Meine Beweisführung begrenzt sich hier auf das „Papsttum“, kann aber wie gesagt mit allen anderen Idealismen ins Feld geführt werden. Der Tod Benedikts bringt nun (gerade heute, in unseren Tagen) durch Ratzinger ans Licht, was „natürlicherweise“ nicht offensichtlich ist. Dass der fromme Geist des Amtes eben menschlicher Natur ist und nicht mit dem Geist der Person deckungsgleich angesehen werden kann. Ratzinger veröffentlicht nach seinem irdischen Tod, dass er vom

Geist bedrängt (die Gründe sind durch den Zusammenhang offenbar gemacht), also in Drangsal und Anfechtung nicht mehr schlafen konnte, was ihn aber acht lange Jahre zum Rücktritt aus seiner Amtsverpflichtung quälte. Er, nun als Benedikt, diese Zeit seiner ihm gegebenen Macht überhaupt nicht im Sinne Gottes zuspricht, sondern durch sein Nichthandeln eben genau die Kraft Gottes verleugnet. Der Geist der Drangsal ist, wie wir wissen, (oder durch dieses Buch noch lernen werden) der Ankläger, und wir können wissen, dass dies mit dessen Vollmacht geschieht. Der Teufel also ist zwar real „im Amt", betreibt aber selbst Amtsmissbrauch durch Beeinflussen. Diesen Amtsmissbrauch müssen wir vor Gott reklamieren, bis dieser sein Urteil findet. Wir sehen demnach besonders in Benedikt verdeutlicht, dass wir trennen müssen, zwischen den Angehörigen einer Religion und der Institution selbst. Das Installieren von Institutionen wird also immer aus dem Drängen heraus geschehen und ist keinesfalls mittelbar vom Geist Gottes gestützt. Selbstredend aber dürfen Menschen stets um Segnung bitten, also beten, dass der Heilige Geist trägt, doch das Amt selbst kann dies nicht.

Das Amt selbst ist nicht beseelt, sondern wirkt lediglich wie auch das Gesetz der Überführung niemals der Heiligung. Die Beweiskraft liegt darin, dass Ratzinger weiterhin noch viele Jahre, wohl eingebunden an nicht sichtbare Ämter, also heimlich der Amtskirche dient und eben nicht seinem Schöpfer, da Joseph Alois ja nur insgeheim die Wahrheit kennt. Im wahrsten Sinne des Wortes diese totschweigt, im Amt zuvor sogar verleugnet und uns letztendlich erst nach seinem irdischen Tod hinterlässt. Leider aber ohne sichtbare Wirkung im Licht der Welt!

Dieser Vorgang zeigt deutlich auf, dass er keine Freimütigkeit hatte, dass folglich der „laute Geist" in ihm übermächtig wirken konnte, wohlgemerkt durch Ratzingers persönliches Zulassen. Somit ist klar, dass alles, was wir uns selbst „indoktrinieren", nicht von Gott sein kann und wir, wenn wir unser Gewissen beruhigen, die Liebe Gottes infrage stellen. Alle Ehre aber gebührt unserem Schöpfer alleine! Somit hilft uns nur wegschauend von allem anderen durch unser Hinschauen alleine zu Gott, diesen eben erst dadurch zu verherrlichen und ihm seine Ehre bewusst zuzugestehen. Der Geist Gottes lässt uns eben nicht in der Welt kämpfen, gegen Institutionen, sondern lediglich innerhalb derselben gegen unsere menschlichen Ideologien.

Wenn wir nun diesen Sachverhalt wahrnehmen, dann wissen wir, dass jeder „Geist der Weissagung" in diesem Sinne abzuwägen ist und dass jede Religion sowie Sektierung nicht mit der Ausflucht von „Heiligung" vor Gott gutzuheißen ist.

Toleranz ist nicht gleich Akzeptanz, es braucht die geistige Trennung vom Fleischlichen!

Es ist ein Missverstehen, wenn wir denken, innerhalb von menschlichen Vorstellungen „Gutsein" herstellen zu müssen. Glauben meint alleine Gott zu vertrauen, indem wir, wie gesagt, die Welt nach seiner Schöpfungsordnung gebrauchen und seine Liebe zu allen Menschen nicht ständig physisch missachten, also dadurch Gott selbst als unglaubwürdig abstempeln.

KAPITEL 10

Sakrileg, oder falsch verstanden?

Nun übergangslos, jedoch mit der Erkenntnis, dass wir nicht hochschauen dürfen zu Menschen, die beseelt nach hinten umfallen, sektiert eben. Natürlich aber auf die Nase fallen, das dürfen wir, das ist nicht schlimm, wenn wir aufstehen und vermeiden, aus dem gleichen Grund wieder zu fallen, das bringt uns in Sicherheit! Also weiter ...

... und zurück in die Begrifflichkeiten, Kleinarbeit ist noch nötig. Auch und besonders nach der großen Rede, nach dem Zerren am Heiligen Stuhl. Dieser aber muss nicht um Vergebung gebeten werden, wenn man die Wahrheit ausspricht oder wie hier aufschreibt.

... eher umgekehrt, warten wir noch ...

Selbst wenn die Wahrheit durch die Brille von Andersdenkenden nicht objektiv erscheint, gilt vor Gott als wahr, was aus dem Herzen kommt und auf dem Kampfplatz der Seele den Sieg errungen hat, wie Feingold eben gesiebt, gewaschen, wieder gesiebt und gewogen ist!

Nun aber vom Papst wieder zu Gott, zynisch ausgedrückt, ein sehr weiter physischer Weg, oder eben die Tür nebenan? Wenn Frömmigkeit denn überhaupt eine Tür wäre, oder Geistlichkeit eine Abkürzung zu Gottes Sphärenpunkt.

Nein, es trifft beides nicht, bleiben wir dabei, ein sehr weiter Weg, ausgehend von der „Institution“ Kirche hin zu Gott. Wir haben alle Infos zu Gott bereits erhalten, alle Wegweiser sind aufgestellt!

Was meinen nun die Namen Gottes, wie sind diese zu beleuchten, beschreiben sie die Aspekte, das Prädikat oder doch nur Religiosität, also Seelen-Fantasie? Der jeweils verwendete Name ist bereits ein wichtiger Teil der Information, denn dieser ist ein Kennzeichen. Dementsprechend bereits ein Zeichen für die Richtung der Interpretation, weil eben der Name die Person oder Sache treffend bezeichnet. Aus fremden Sprachen aber ist Übersetzung gefordert und selbstverständlich kein Omen abzuleiten. Fremdsprachlich nennt sich unser Schöpfer, um einige Beispiele aufzuzählen, Adonai, Zebaoth, Schaddaj oder auch Allah und Jehova. Nachfolgende Nennung wie Jahwe und Elohim sind Beispiele, mit denen Aspekte mitgegeben werden. Durch den Zusatz hinter der Abkürzung, El für Gott mit Umschreibungen wie El„jon", Gott des Himmels, oder El„i", mein Gott, werden auch Prädikate benannt. Sprache ist nicht wie ein mathematischer Wert eindeutig, von daher ist es logisch, dass wir, um etwas eindeutig zu benennen, Umschreibungen und Kontext zur Hilfe auch nutzen, damit wir im entsprechenden Sinn überhaupt Verständigung gewährleisten können. „Herrlichkeit" vom Heiligen Geist verwendet, umschreibt die Manifestation der Gegenwart Gottes. Aus dem Begriff Herrlichkeit ist Herr abgeleitet, aber eben auch lange schon umgangssprachlich abgenutzt. Somit trägt seine Bedeutung nicht mehr den Sinn der Sprache Gottes. Genau wie das Wort „verherrlichen" uns eigentlich deutlich machen müsste, dass wir uns etwas zu Gottes Würde hochstilisieren, denn Verherrlichung gebührt nur unserem Schöpfer. Wenn er bereits vor 3600 Jahren fordert, „ihr sollt keine anderen Götter neben mir haben", meint er genau diesen Aspekt.

Herrschaft allerdings muss auch geografisch verstanden werden, um das Gebiet und aber auch das Recht eines Hoheitsbereiches zu benennen. Hier erkennt man wieder, dass Gerechtigkeit mit der überörtlichen Räumlichkeit unseres Universums als Absolutheit zusammenhängt.

Die variable Begrifflichkeit „Herrschaft" hatte ich ja zuvor im Zusammenhang mit weltlichen „Fürstentümern und Gewalten" bereits erörtert.

Also besonders in der Sprache der Heiligen Schrift den Sinn zu verwechseln ist tödlich, weil falsch verstandene Wörter die Kohärenz der Information absurd erscheinen lassen. Daher häufen sich vermeintliche Widersprüche, die genau und auch gezielt den reinen Glauben kontaminieren.

Es ist eben leider ganz und gar nicht so, dass „Gläubige“ bzw. Anhänger einer Religion, wie bereits deutlich dargestellt, an einen wirklich lebendigen Gott glauben. Deshalb wird ja diese scheinbar umständliche und aufwändige Systematik der Begriffserklärung überhaupt erst nötig. Alles, was Gott ausmacht, all das, was wir wissen müssen, stellt er ja bereits klar und deutlich durch die von ihm inspirierten Heiligen Schriften zur Verfügung. Wie ein Rückschluss von der unbeugbaren Gerechtigkeit Gottes seine lebendige Existenz belegt, bedarf aufgrund der vielen Missdeutungen bereits Klarstellung auf der Ebene der Wortbedeutung. Die gesamte Semantik der Heiligen Schrift muss beachtet werden und darf in sich keinerlei Widerspruch ergeben. Jeder noch so kleine Widerspruch bezeugt uns, etwas nicht verstanden zu haben!

Die Welt, wie wir sie verifizieren können, beweist den Ratschluss Gottes, seine Schöpfungsordnung und seine Grundsätzlichkeit. Wie ein roter Faden durch Raum und Zeit führt sie also selbst den Beweis. Gerade weil die Welt so ist, wie sie ist, sehen wir unverschleiert die schlimmsten Zustände. Genau wie bereits vor 3600 Jahren beschrieben und prophezeit, zeigt sich der Zustand von unserer Erde. Wir bekommen alles auf zweifacher Ebene abgebildet, der allgemeine körperliche Befund spiegelt sich mit dem geistigen Verkommen. All das Elend ufert aus dem verachteten Verständniswillen der Menschheit. Unsere Bereitschaft, vorbehaltlos zu prüfen, verschwindet hinter der Scham, falsch Verstandenes aufdecken zu müssen. Alle Ungerechtigkeiten sind entweder direkt in „unserem“ Willen geschehen oder als indirekte Folgen daraus entstanden. Ungerechtigkeit steht dennoch nicht auf dem göttlichen Plan. Der Ratschluss Gottes war, ist und bleibt immer da, also auch unser freier Wille.

Wenn wir nun schon längstens die fehlende Gerechtigkeit im Schatten des Gesetzes erkennen, brauchen wir dann schärfere Gesetze?

Zur Klärung dieser Frage zuvor ein Blickwinkel, welcher Gerechtigkeit und Gnade aufzeigt und demonstriert, dass vollkommene Gerechtigkeit nicht zu relativieren ist.

Der zentrale Punkt ist außerhalb jeder menschlichen Dimensionalität.

Wie wir Menschen mit religiösen Geschichten umgehen, das heißt, was wir daraus lernen und auf uns anwenden, entscheidet, ob wir im geistigen Sinn leben oder tot sind.

Stammbäume sind in der Bibel wichtige Indikatoren, um Zusammenhänge einordnen zu können, dienen aber in erster Linie dazu, Gottes Gerechtigkeit zu beweisen und daraus resultierend Gottes Heilsplan rechtlich zu *be*gründen. Wie unser aller Schöpfer handelt und was er uns sagt, ist ein Weiteres. Das Wichtigste jedoch sind die Grundsätze Gottes, wie im Buch bereits öfter schon angetönt, nämlich *Wahrheit*, *Liebe* und *völlige Gerechtigkeit*.

Nun ergibt sich daraus der Schlüssel, warum es für uns Menschen einer Sühnung bedarf, um Gottes vollkommener Gerechtigkeit zu entkommen. Der rote Faden durch die gesamte Schrift zeigt auf, dass der menschliche Geist niemals standhalten kann, *„der Geist ist willig, doch das Fleisch ist schwach“*, sagen wir ja in diesem Sinne. Der Schluss, welchen wir Menschen ziehen müssen, ist eben der, dass nur ein wirklich unschuldiges Opfer die Schuld der Welt sühnen kann. Der Schuldschein ist gelöst, wir leben heute noch in der Gnadenzeit und dürfen uns darauf berufen, ja auch für unsere persönliche Schuld ist bezahlt, da bleibt es an uns, dies demütig und dankbar anzunehmen. Nicht stolz zu denken, selbst keine Sühnung zu benötigen, denn Ankläger gibt es wie Sand am Meer, angefangen bei uns selbst. Wie oft klagen wir uns selbst an, geschweige denn unsere Lebenssituation und unsere Mitmenschen, selbst die, die wir meinen zu lieben. Gott aber nimmt alle unsere Klagen ernst und richtet darüber, schafft Gerechtigkeit. Alle ungerechtfertigten Klagen, welche wir stellen, fallen uns daher genauso zu wie gerechtfertigte Anklagen unserer Mitmenschen, denn die Engel wachen darüber, wie wir im Buch Hiob lernen können.

Also Gott würfelt nicht, er handelt gerecht und nimmt uns als mündige Geschöpfe nach seinem Bilde auch ernst! Geist und Seele wie Körper und Verstand sind uns vom Schöpfer zur Verfügung gegeben worden, wir tragen für alles, was wir daraus machen, Verantwortung. Deshalb der Heilsplan Gottes, um uns, seinen Kindern, Rettung zu ermöglichen vor seiner Gerechtigkeit!

Gott drückt kein Auge zu, denn das wäre logischerweise nicht gerecht. Aber die durch ihn selbst geschaffene Sühnung ist wertvoller als alles Gold und alle Edelsteine der ganzen Welt, nur der Opfertod von Gottes Sohn als eines wirklich völlig unschuldigen Menschen genügt jeder Gerechtigkeit. Kein natürlich gezeugter Mensch wurde jemals geboren, welcher selbst ohne Verfehlung, also unschuldig die Schuld anderer Menschen tragen könnte. Einzig der Mensch Jesus Christus, von Gott gezeugt und bezeugt als der versprochene Messias, Gottes Sohn und Menschensohn in einer Person reicht aus, um durch seinen Opfertod für alle Schuld der Welt Sühnung zu erwirken. Keine einzige menschliche Religion führt uns zu Gott, wir können nichts aus eigener Kraft, aber der Ruf Gottes zu jedem Einzelnen von uns und unsere von Gott ins Herz gelegte Gottseligkeit ermöglichen eine persönliche Erkenntnis, Hilfe zu benötigen. Diese Hilfe haben wir heute noch in der Gnadenzeit reichlich zur Verfügung; wenn wir uns unter den Helm des Heils stellen und wir unseren Geist mithilfe des Heiligen Geistes zur Ruhe bringen, dürfen wir die Gnade auch erkennen und dankbar annehmen.

Zurück zur menschlichen Ebene unserer Realität.

Bräuchte es also einen gesetzlichen Puffer gegen die Willkür unseres Wollens?

Nein, hier hilft nur ein gesunder Wille, geistig, stark und abgestützt auf Gottes Versprechen, Recht zu schaffen. Nur dann können wir die Welt aushalten, ohne selbst willkürlich zu werden oder im Gegenteil daran zu verzweifeln, um willenlos zu sein. Jesus selbst zeigt uns grundsätzlich durch seinen Einspruch auch die Unsinnigkeit solcher Puffer. Jesus beweist den pharisäischen Irrwahn, deckt diesen auf und stößt somit den Sicherheits-Zaun, den Zaun des Gesetzes als eine zugetane, das Gesetz erweiternde Zone um. Das erkannt, führt uns direkt zur nötigen Definition von „freier Wille“, um diese Umschreibung „frei“ und „Wille“ klarzustellen. Menschenrechte wie oben bereits angedeutet sind absurd und illusorisch, da unser aller Wollen eben nicht gleichgeschaltet ist. In diesem Punkt greift das schöpferische Fixum, der Ratschluss Gottes, Gott wollte keine willenlosen Marionetten und keine durch Trieb assimiliert geführten Menschen. Körperlich ist also einzig der Mensch gespiegelt in Gott. Konflikte nun durch unsere einzigartigen, also zueinander unterschiedlichen Persönlichkeiten sind selbstredend, wenn wir unsere konträren Willen bekunden und diese aufeinandertreffen. Hier greift dann der Schatten des Gesetzes zur Überführung, also um durch „Recht“ dieses Aufeinanderprallen abzudämpfen, was logischerweise wieder „guten“ Willens aller Beteiligten bedarf. Ein Wille also, der sich „freiwillig“ dem Verstand und Verständlichkeit unterstellt. Gerechtigkeit im Lichte Gottes wird davon überhaupt nicht tangiert, solange der Mensch sich nicht Gott als seinem Herrn willentlich unterstellt.

Liebe Leserschaft, der Unterschied von Religiösität und Realität ist der gleiche wie der von Frömmigkeit und Rechtschaffenheit, das habe ich bereits aufgezeigt und bezeugt. Also bitte Geduld, weil es, ohne Gott zu nennen, wirklich nicht geht, so wie gerade eben das Aufzeigen des gedeckten Wechsels den zentralen Punkt im Sinne von Gerechtigkeit im Lichte Gottes darstellt.

Auch wenn dieses Aufzeigen sticht, den Lesenden hin und her wirft, ob er das Buch hassen oder lieben soll, es ist und bleibt der zentrale, also allerwichtigste Punkt.

Auch wenn der eine oder andere Leser religiös eingebunden ist. Das tut der Liebe keinen Abbruch, ganz im Gegenteil, wir können unserer Haut nicht entfleuchen, und das ist gut so.

Verzeihung, nichts für ungut, und ja, es sind auch und zuallererst im Sinne von Gender*wähnung* die Leserinnen gemeint.

Wie sagt man so schön menschlich natürlich, dranbleiben lohnt sich, ich verspreche, am Schluss erst wird abgerechnet!

KAPITEL 11

Chronologie der Logik

Nun gehen wir allerdings lange vor dem Schluss ganz genau auf die Schöpfung mit ihren Abfolgen ein, um das Leben und dessen Hierarchie zu verstehen und um nicht immer Ungerechtigkeit zu vermuten. *„Im Anfang“* meint ja zu Beginn, und wenn berichtet wird *„schuf den Himmel“* und *„schuf die Erde“*, entspricht das auch der real möglichen Physik wie in Kap. 7 aufgeführt. Himmel meint hier unser leeres Universum, und darin wird die Erde als erste Materie implantiert. Ab nun läuft die Zeit. Im Bericht heißt es: *„Die Erde war wüst und leer, Finsternis war über der Tiefe.“* Das würde doch genau in die physikalische Notwendigkeit passen, da das schwarze All, der kalte Raum des Vakuums, wirklich leer und wüst über dem ersten Planeten droht.

Kurz und knapp, also eine reduzierte Beschreibung der Möglichkeit des Schöpfungsablaufes: bildlich dargestellt zur Veranschaulichung eben wie ein umgekehrter Prozess der Kernfusion. Im leeren Raum werden alle organischen Verbindungen mit Kohlenstoff auf atomarer Ebene zu Elementen aufgetrennt, Protonen und Neutronen stellen als eingebrachte Energie, welche in jedem Punkt aus der göttlichen Sphäre in unsere Dimension einfließt, Verbindungen her. Chalkogene als Erzbildner wie Silikate und Metalloxide werden durch gezieltes Katalysieren geboren und reagieren in anorganischer Wasserlösung, die ja aus Wasserstoff und Sauerstoff zu Wasser bindet, als einzige chemische Lösung.

„Der Geist Gottes schwebte über dem Wasser“, meint: Gottes Kraft schwebt über der ganzen Oberfläche der Erde voller Wasser und schirmt die Elemente Wasserstoff und Sauerstoff davor ab, in das Vakuum des Weltalls zu flüchten. Da ja noch keine Atmosphäre existiert, welche diese Funktion hat!

Aber … ich schrieb ja nur „*würde* passen“! Denn so beschrieben ist es völlig falsch! Warum?

Weil es so nur auf unserem menschlichen Kleindenken fundiert und eben nicht auf den göttlichen Grund vertraut.

Gehen wir daher nochmals zurück „*in*“ den Anfang.

Gott schafft also den Raum, und in diesen absolut leeren Weltraum hinein bewirkt er die Erde.

Wohlgemerkt ist Zeit a) sowieso gegenstandslos, b) überhaupt noch nicht begonnen und c) in der rein geistigen Ebene, welche überall aus Gottes Sphäre heraus im Raum hantiert, generell ohne Belang. Die Erde erscheint folglich, sie ist da. Eher gab es ja nichts, um überhaupt Abläufe definieren zu können. Gott also befiehlt Protonen, Neutronen und Elektronen in ihre jeweilige Bahn. Bestimmt ihre Grenze per Gesetz, verfügt sie demnach in eine Hülle zum Atom, als Baustein für alle feste, flüssige oder gasförmige Stofflichkeit. Er befiehlt organische wie anorganische Moleküle in Existenz. Alle Eigenschaften also und ihr Verhalten werden gerade durch ihre räumliche Anordnung vom Schöpfer bestimmt.

Nun erkennen wir gut, dass Gott von seiner völligen Sphäre aus, durch seine göttliche Kraft, Energie an jedem Punkt zur Form von Protonen, Neutronen und Elektronen in den Raum einfließen lassen kann. Für Gott gibt es keine Größenordnung, er erst erlässt diese ja, als elementare Einteilung zum fundamentalen Bestandteil von Materie.

Wären wir Beobachter gewesen, wir würden nichts gesehen haben, denn es besteht völlige Dunkelheit, daher sprach Gott „*es werde Licht*“. Sein unsichtbares Licht, sein Strahlen von reiner Energie in diese Welt, bricht er zu sichtbarem Licht herunter. Energetisches Erstrahlen wird also abgeflacht zu einem göttlichen Scheinen. Dieses durchdringt die Dunkelheit. Damals also, das allererste Mal in der Welt, wird es hell und heller. Gott nennt uns diese Helligkeit Tag, gibt uns somit bereits sprachlich ein Zeitgefühl, erfindet den Tag und nennt die Dunkelheit Nacht, legt einen Rhythmus fest. Was nun geschieht, ist das allererste sprachliche und bildliche Trennen unseres Schöpfers für die Welt, er scheidet das Licht von Finsternis.

Dann treten wir mit dem erneut sichtbar werdenden Licht in den zweiten Tag von Gottes Tun, es dämmert, auch heute noch nennen wir den Beginn eines jeden neuen Tages im Zwielicht Dämmerung.

Warum die Erde nun zuerst „einzig“ im gesamten Universum hängt, kein anderer Planet Gemeinschaft leistet und noch kein Stern geschaffen wurde, darauf kommen wir später. Nur so viel vorab, der Grund ist, dass wir wahrhaft an den Schöpfer glauben können, damit wir heute keinerlei Widersprüchlichkeiten in dem, was Gott uns sagt, entdecken.

Ich hoffe, liebe Lesenden, dass ich euer Interesse an der „Bibel“ gewinnen konnte, bezüglich dessen, was man alles daraus erfahren kann.

Ich bezeuge an dieser Stelle, dass ich keine Behauptungen aufstelle, die dem durch Gott schriftlich Fixierten entgegenstehen!

Auch wenn bei meinen Formulierungen Fehler im Format auffallen, betone ich ausdrücklich, dass in der Heiligen Schrift, welche meine Grundlage ist, Fehler auszuschließen sind. Im Besonderen dient mein Buch dazu, scheinbare Widersprüche zu klären.

KAPITEL 12

Viele Mittelpunkte, viele Welten, aber nur ein Zentrum

Glauben meint Vertrauen, also uns mit unserem gesamten Leben dem Schöpfer anvertrauen, auf dass wir dann auch mit Selbstverständlichkeit unseren eigenen Willen nach Gott ausrichten wollen. Das ist Gottseligkeit, und diese gilt es zu füttern, auf ganz persönlicher Ebene, durch das Wort, sprich das Reden Gottes. In diesem Sinne sind wir dann nur dem Namen nach Sklave unseres Herrn, denn er macht uns frei von unserem menschlichen Drängen, frei von dem Auf und Ab unseres Willens. Wir müssen nicht weiter Diener unserer Begierden oder anderer Menschen bleiben. Kein Mainstream muss uns tangieren, wir erlangen eben Freiheit von jeder Indoktrination, nachlaufend dann mithilfe des Heiligen Geistes auch von unserem eigenen Einreden.

Die personalisierte geistige Welt genauso wie auch unsere Körperschaften beobachten jedes Konfliktpotenzial und klagen jede Verletzung der Gerechtigkeit an. Recht spielt dabei nur eine untergeordnete Rolle, denn wie bereits dargelegt, haben wir keinen Rechtsbesitz. Dennoch erleben wir Anfechtungen, denen aber im Lichte Gottes nur durch Gnade und Vergebung begegnet wird.

Böses ist lediglich die Abwesenheit von Gutem und führt zu schlimmen Reden und dadurch zu schrecklichem Tun. Hass ist die Abwesenheit von Liebe und kommt daher nie und niemals mit Gott in Berührung. Der Geist Gottes als ein Teil seiner vollumfänglichen Gottheit ficht uns nicht an, beeinflusst nicht. Wenn wir aber mithilfe des Heiligen Geistes mit Gott kommunizieren wollen, führt der Geist unser Verständnis, sorgt quasi für die passende Frequenz und Ausrichtung.

Gerechtigkeit im Lichte Gottes macht Gott eben nicht zu unserem Schiedsrichter im Irdischen, denn es kommt ja überhaupt keine Ungerechtigkeit in seine Gemeinschaft.

Es kann kein „Geist" mit der Fülle Gottes in Kommunikation treten, während Unrecht in demselben offenliegt. Wenn wir ungerecht denken oder handeln, muss dies auf gleicher Ebene durch uns bewusst geklärt werden, bevor wir wieder Gemeinschaft mit Gott genießen können.

Hier zeigt sich unser enormes Missverständnis zu meinen, dass Gott alles für uns regeln müsste! Gott hat für uns heute lebende Menschen keinerlei königliche Pflichten übernommen, aus denen heraus er handeln müsste, aber wir alle leben heilsgeschichtlich in der Gnadenzeit. Solange wir leben, dürfen wir unseren Willen nach Gott ausrichten, es hängt also wirklich von unserem freien Willen ab. Es beweist sich demgemäß unser menschlicher Wille als völlig frei.

Dass Frieden, Freiheit und Brüderlichkeit ausdrücklich von Gott gewünscht sind, ist selbstverständlich. Gewünscht darf aber nicht mit gottgegeben verwechselt werden und schon gar nicht als von Gott verordnet.

Hier zeigt sich wieder, wie wichtig die Wortbedeutungen innerhalb unserer Sprache sind, um Enttäuschungen zu vermeiden. Immer wenn wir uns enttäuscht fühlen, haben wir uns zuvor selbst getäuscht oder haben uns eben täuschen lassen. Ob wir uns aber täuschen lassen, steht in direktem Zusammenhang damit, ob unser Geist und unsere Seele beruhigt sind, ob unser Wille Täuschung zulässt. Einklang zwischen Körper und Geist, dies war uns „Geisteswesen" eben auch nie versprochen, es gibt keine irdische Wohlstandsverheißung, wir haben auch und gerade in diesem Sinne *kein* Recht. Die Verheißungen sind geistiger Natur, für ein ewiges Leben in Gemeinschaft mit Gott im Licht oder eine Ewigkeit getrennt von Gott in hoffnungsloser Dunkelheit. Dazu müssen wir im irdischen Leben unsere Heiligung erlangen.

Der Grund liegt hier auf der Seele, unsere Vorstellung von Seele wird völlig falsch aufgefasst. Die Seele selbst ist nicht unser ich, das „Ich" liegt nur im Geist. Die Seele aber ist der Kampfplatz! Ein Kampfplatz, auf dem unsere körperlichen Gefühle mit dem Geistigen in Zwiespalt treten. Alles, was unser vermeintliches Wollen als wichtig insuffliert und doch entgegen unserem geistigen Wesen steht. In dieser Arena entscheidet sich, wem wir folgen, ob wir uns für eine haltbare geistige Freude entscheiden, oder nur der verderblichen fleischlichen Lust genügen wollen. Ob wir uns mit dem breiten Strom mitreißen lassen wollen, oder sogar angetrieben vorausschwimmen müssen. Ob wir uns auf unsere eigene Selbstständigkeit stur abstützen und selbst urteilen, oder eben mithilfe des Heiligen Geistes unseren Stolz ignorieren.

Das genau meint Gott mit Absonderung, unseren Geist alleine für ihn heiligen. Also wegschauend von allem anderen hinschauend zu unserm Schöpfer alleine!

Er, unser Vater im Himmel, ist alleinig völlig frei davon, uns zu beeinflussen, hingegen bringt der Geist der Welt und der gefallenen Engel alles auf, um uns von Gott zu entfernen! So steht der Begriff „heilig" also in direktem Zusammenhang mit dem Gesetz, also mit Gottes Gerechtigkeit, denn heilig bedeutet abgesondert von der Sünde und reserviert für den Schöpfer.

Wir müssen aber wissen, selbst ohne ein irdisches Gesetz auch nur zu übertreten, können wir uns geistig komplett von Gott abwenden. Es gibt kein Gesetz, welches uns zwingend zu Gott führt. Selbst Gottes irdisches Volk konnte bei aller Gesetzlichkeit „natürlich" nicht genügen, einzig der, der ohne Sünde war und der Sünde nicht kannte, genügte dem Gesetz seines Volkes und gleichzeitig der Gerechtigkeit im Lichte Gottes.

Also, es liegt auf der Hand, es wird uns der Stachel immer über ein vermeintlich vorenthaltenes Recht in unsere Seele stechen. Uns zugefügte Ungerechtigkeit empfinden wir gerne, ohne ein Bestehen jeglicher Rechtsgrundlage. Sehr leichtgläubig stachelt es uns auf zur Rebellion. Wir verhärten unser Herz, verharren in der Falle von geistigen Intrigen und sitzen unserer eigenen Einbildung als Lüge auf. Das liegt eben am Gefühl, dem Menschlichen, dass sich „vermeintliches" Recht aufbläht und dadurch zu Empörung wird!

KAPITEL 13

Quadratur des Kreises, oder was wäre unmöglich?

Beleuchten wir also den Fortgang der Schöpfung, gehen dahin zurück, wo es noch keine Lüge, keinen Zwiespalt und noch nicht mal Stolz gab. Gehen wir in die Welt des zweiten Tages!

Vorab aber dieses Kapitel als wichtiger Einschub zur Klarstellung der Funktionen außerhalb unseres menschlichen „Kleinkarierten", unseres Berechnens vom Wahrscheinlichen!

So wie der Schöpfer die Schalen des Atoms bestimmt und damit auch in die Form unterscheidbarer Elemente zwingt, so bestimmt er genauso deren jeweiligen Aggregatzustand. Im Raum herrscht also nicht die Absolutheit der Temperatur von null Grad Kelvin, sondern diese muss sich Punkt um Punkt überall dort, wo Energie aus Gottes Sphäre in die Dreidimensionalität des Universums einfließt, unterordnen. Davon später mehr, wir kommen darauf noch zurück. Dass der Schöpfer aber ein Gott der unvorstellbaren Größe ist, wie bereits vielmals aufgezeigt wurde, müssen wir gerade im Zusammenhang mit dem Entstehen von Materie als Grund festhalten. Für Gottes vollumfängliche Größe reicht nicht annähernd die gesamte Erstreckung des Universums aus, ihn zu fassen, das Universum hält nur sanfte Teilhaftigkeit mit Gottes Geist überhaupt aus. Und doch wirkt Gott im Kleinsten durch den Aufbau der Atome.

Gesetz Gottes ist das, was wir als unüberwindlich erleben und Naturgesetze nennen, obwohl doch nur Körperlichkeit untergeordnet wird. Unser Geist ist ausdrücklich frei, es gibt keine Grenze, wir könnten Berge versetzen, wenn wir denn wirklich einen Funken Glauben hätten.

Heute sehen wir doch im Universum die schiere Unendlichkeit seiner Weite, können zumindest optisch schauen, wie ein

System wirkt, wie der Aufbau und Zusammenhang der Galaxien wiederum mit vielen Millionen Sonnensystemen und innerhalb derer ebenso viele Sonnen sich um Gottes gesetzte Regelung drehen. Wir müssten schon aus dem Schauen heraus, selbst wenn wir nichts wüssten, erschauern!

Er hat den Himmel gemacht, auf dass wir erkennen! Er weist uns ausdrücklich darauf hin, dass wir im Bild dessen, was wir sehen, seine Größe erkennen und im Spiegel des Erkannten seine Heerscharen erahnen sollten. Alles, aber auch alles ist ihm, unserem Schöpfer, unterstellt! Und ja, alle Materie ist tot, sie reagiert nicht auf eigene Empfindlichkeit. Alle Materie reagiert nur physikalisch, chemisch und elektromagnetisch nach Gottes Recht. Bis zur eigenen Auflösung fügt sich jedes Element in die geforderte Bindung oder trennt sich auf, lässt sich ohne Ausflucht spalten. Kein Teilchen hält an seiner Identität fest und wehrt sich gegen das auferlegte Gesetz. Sogar der eigene Zustand ändert sich nur entsprechend den Bedingungen von feststofflich in flüssig oder breitet sich mit doch fixem Geist gasförmig aus. Verliert nie den Inhalt und Bezug, wandelt also wie befohlen in alle möglichen Zuständigkeiten und Reaktionsbereitschaften.

Nicht wie wir Lebendigen, die wir am Dasein in gewohnter Form festhalten und nicht bereit sind Gottes Gerechtigkeit als unsere Gerechtigkeit nachzuahmen. Wir treten aus dem von Gott gewünschten Zusammenhang, lassen uns nicht wirklich formen, treten aus seinem Licht in den Schatten unserer Gesetzlichkeit.

Die Spirale ist immer die gleiche, alles dreht sich durch die Kraft und den Willen Gottes, uns Menschen hat er nach seinem Bilde entschieden. Er hat gewollt, dass wir nicht nur reagieren, sondern willentlich agieren können, er hält alles in der Hand.

Der Beweis ist gegeben, Gott ist die Gerechtigkeit in Person, denn er hält sich im My, im Allerkleinsten, an seinen Ratschluss. Was sind bei der Erstreckung durch das All schon 0,001 Millimeter, welche wir messen können und mit 1 µm verifizieren, nein, Gott ermisst noch mit weit kleinerem Maß bis über das

Innerste hinaus. Wie viel Millionen hoch Millionen Mal sind wir einzelner Mensch kleiner als nur ein einzelner Geistesblitz unseres Schöpfers?

Wo bleibt unsere Ehrfurcht vor solcher Unendlichkeit Gottes? Wir vergraben diese Ehrfurcht unter eine tote, nur reagierende Natürlichkeit, schreiben lieber allen Plan, den wir in der Natur erkennen, ihr, der Natur selbst, zu!

Wie kann das sein bei all unseren intellektuellen Fähigkeiten? Wie wenig wäre es für Gott, uns zu fügen? Nein, wir sehen doch, wie wir die Welt verändern, ganz und gar nicht zum Guten, und doch verfügt er uns nicht. Er lässt uns freien Lauf!

Liebes Publikum der Schöpfung, ich gebe zu, es ist weit; ich sagte ja schon, ein weiter Weg, dennoch noch ein weiterer Einschub als Plädoyer für Gottes „laufen lassen". Warum Gott das Böse nicht eliminiert!

Gottes Ratschluss innerhalb seiner gesamten Schöpfung ist nicht umkehrbar. Gottes Grundsätze sind fix und nicht auszuhebeln, das haben wir bereits durchexerziert.

Wenn wir diese Grundsätze nun auch für wahr erachten, wird logisch, warum es zu nichts führt, alleine den „Teufel" zu eliminieren.

Gott ist nur Licht, keinerlei Schatten kann sein Licht trüben, heißt eben auch, wie das Buch inhaltlich tönt, Gott ist reine Wahrheit und völlige Gerechtigkeit. Gott hat nichts Böses erschaffen, das Böse an sich gibt es nicht, sondern es ergibt sich nur aus der Abwesenheit von Liebe. So wie sich Dunkelheit nur als die Abwesenheit von Licht darstellt.

Nun ist die gesamte Schöpfung der Erde zu ihm hin gemacht, er hat beschlossen, dass wir Menschen nach seinem Bilde einen freien Willen haben! Dafür aber, für unseren freien Willen, hat Gott entgegen aller Einwände der geistigen Wesen als himmlische Helfer in Kauf genommen, dass es zum Abfall eines Drittels seiner Heerscharen, also Myriaden von Engeln kam. Gottes Vorhersehung lässt bis zum „Vollbringen" seinen erforderlichen Heilsplan im Verborgenen, also die Möglichkeit, dem Sündenfall und der Schuld der Menschen mit seiner vollkommenen Gerechtigkeit dennoch begegnen zu können. Dazu muss man wissen, dass alle Geisteswesen, auch unser „Ich", ohne Körperlichkeit Unsterblichkeit haben. Diese Unsterblichkeit existiert, da der Geist wie dargelegt keiner Zeit unterliegt, sogar überhaupt nicht von Zeit tangiert werden kann. So wie Gott vor Raum und Zeit war und durch seine Schöpfungskraft Raum installierte, Materie schuf, welche eben erst Zeit bedingt und realisiert. Die Myriaden von „Engeln", alle von Gott einzeln erschaffen und personalisiert, sind im Gegensatz zu uns Menschen nicht an eingrenzende Körperlichkeit gebunden.

Daher erlaubte ihre Logik nicht so ohne Weiteres, sich dem „begrenzten fleischlichen Wesen" zum Dienst herabzuwürdigen. Der „himmlische Kampf" beschreibt diesen Disput mit dem Abfall von eben einem Drittel aller Geisteswesen. Diese Engel unter Führung des Erzengels Luzifer, welcher eben als Glanzstern, zur Macht und Gewalt über „unsere" Erde berufen ist, sind alle in ihre Funktionen eingebunden, ähnlich wie der Mensch in seinen Körper. Der freie Wille bzw. das Ego oder das Ich kann daher auch einen Konflikt mit dieser „Gebundenheit" erleben.

Um alles Böse aus der Welt zu schaffen, müsste der Mensch seinen freien Willen, sein Ego verlieren. Gott aber wird seinen Ratschluss zur Schöpfungsordnung und seine Grundsätzlichkeit niemals beugen oder ändern. Er bewegt sich bildlich immer vorwärts, ein Reset auf göttlicher Ebene ist keine Option, denn Gott IST. Derselbe, der da war, derselbe, der da ist, und derselbe, der da sein wird, ewiglich.

Hesekiel durfte es beschreiben als Gottes Thron, welcher eben nicht starr im Himmel Himmel steht, sondern sich lebendig immer nur vorwärtsbewegt und in alle Richtungen sichtend Allwissenheit hat.

Für Gott ist alles jemals Existente permanent im Dasein, also auch alle Menschen, welche jemals lebten, heute leben und noch zum Leben kommen werden.

Der Kausalität folgend wird klar, warum ein „Teufel", solange er sich nicht selbst die Finger schmutzig macht, eben nicht eliminiert werden wird, genauso wenig wie unsere menschliche Willenskraft niemals von Gott unterlaufen wird. Das zeigt uns bereits rein systematisch der Logik folgend, dass alles, was laut in uns schreit, uns beeinflusst, nicht von Gott sein kann. Der Heilige Geist Gottes, welcher uns allen im Heilszeitalter der Gnadenzeit verfügbar ist, WILL uns nicht beeinflussen. Dieses Fixum steht dem „Wunsch" Gottes nicht entgegen, mit allen seinen Geschöpfen Gemeinschaft zu genießen.

Gott liebt alle Menschen, und alle schließt keinen aus, selbstredend auf oben genannter Ebene, und daher hasst er unser Tun. Unser Schöpfer möchte, dass „niemand" für seine Gemeinschaft verloren gehe. In eben genau dieser „Matrix" ist unsere Existenz auf dem Kampfplatz unseres realen Egos, hier zweigt sich der Weg und trennt unser Sinnen in „Gut und Böse".

Der Weg verzweigt sich daher, weil kein Unrecht jemals mit Gott Berührung haben kann. Im Licht Gottes hat keinerlei Unrecht Bestand, nicht das kleinste. Es gibt nur Licht ohne Schatten, also die reine ungebeugte Wahrheit ist immanent in Gemeinschaft mit Gott.

Wir kennen unser Dilemma eigentlich ganz gut und wissen dieses bis auf den Sündenfall zurückzuführen. Was mit einer Notlüge beginnt, neigt dazu, größer zu werden, und verwächst sich darum in die scheinbare Unmöglichkeit der Ungeschehenheit. Wir tappen immer wieder in die Falle, vorschnell zu reagieren, und empfinden daher nach reichlichem Überlegen Einsicht und so eben auch Schuld. Diese Einsicht in Bezug auf „falsch reagiert zu haben" versucht unser Ego „natürlich" durch Verdrängen kleinzuhalten, was leider zu erneutem Zurechtbiegen der Wahrheit führt. Das ist der sogenannte Teufelskreis, die Falle, in welche wir fallen, der Fallstrick, welcher unser Stolz, unser Drang zur Selbstverwirklichung darstellt.

„Natürlich" meint hier, wie von den intellektuell weit überlegenen körperlosen Geisteswesen entgegen der Schöpfungsordnung reklamiert, dass unsere menschliche Existenz, welche eben der Körperlichkeit untersteht, logischerweise in ihrem Fokus durch einen Ereignishorizont begrenzt ist.

Also der natürliche Mensch, getrieben von seiner Körperlichkeit, kann sich aus eigener Intuition nicht davor retten, falsch zu reagieren, denn alles „materielle“ ist nicht universell und kreiert schon daher Abgrenzung. Selbstredend werden die Geisteswesen, allen voran der Ankläger mit seinen Dämonen, uns für jedes Fehlen vor Gott anklagen. Diese Anfechtung erleben wir zur Genüge in unserem täglichen Kampf, bis hin zu körperlicher Beeinträchtigung. Dieses empfundene „Beeinträchtigen“ fordert uns wiederum, unser vermeintliches Recht einzuklagen. Ein Teufelskreis eben, den zu durchbrechen wir Gottes Hilfe brauchen!

Die Möglichkeit wie vorangestellt gezeigt, also Gottes Heilsplan ist existent, er ist transzendent, wir müssen diesen demzufolge bewusst für uns in Anspruch nehmen. Nur so kann aller Klage begegnet und jeder Schuld eben durch Sühnung Genüge getan werden. Der „Advocatus Diaboli“, also die bewusste Gegenposition zu Gottes Ratschluss, wird weiterhin anklagen und bedient sich unseres Stolzes, unseres Neides und unserer Gier, schürt in uns die Empörung zu brennender Hitze, zu Hass, um eben diesem Ratschluss sowie der untrüblichen Liebe Gottes entgegenzuwirken. Das gelingt ihm bisher, ohne sich selbst die Finger schmutzig zu machen, er nämlich rein juristisch nicht zu verurteilen ist, da jegliche Ausübung von Unrecht sich auf unseren freien Willen stützt. Wenn der oberste der gefallenen Engel, also der Teufel, uns mit Recht in der geistigen Welt ununterbrochen zur Anklage bringt, erntet er selbst von gottestreuen obersten Engeln lediglich die Rüge *„Der Herr schelte dich Satan“*, denn dieser führt ja seinen „Dienst“ unweigerlich aus.

Die Hierarchien, Mächte und Gewalten, also die Armeen Gottes, halten wie ein Werkzeug Gottes das Universum zusammen.

Weil der Satan unsere menschliche Fehlbarkeit nutzt, gilt er von Anfang an als Menschenmörder. So wie Kain seinen Bruder Abel erschlug, weil er die Vorstellung, Abel sei Gott, wohlgefälliger nicht ertrug, so werden wir heute auch aufgehetzt. Nicht dass wir immer unmittelbar unsere Brüder töteten, aber mittelbar ist dieser Faden durch die gesamte Menschheitsgeschichte zu verfolgen. Zudem ist das Betiteln „Menschenmörder“ weit über das körperliche hinaus begründet, denn in unserer körperlichen Existenz ist unsere geistige Existenz, also unser Ich, eingebunden. Dämonischer Einfluss unterläuft nun unsere geistige Existenz, da durch den angefachten Konflikt von Seele und Geist die seelische Übermacht zur geistigen Ohnmacht führt, sprich das reine, wahre *Ich* wird abgetötet.

Ein kleines körperliches Beispiel der Bedeutung des Wortes töten in diesem Sinne ist das medizinische Abtöten von Nervengewebe. Klassisch im Volksmund auch der Nerv, welcher uns mit Schmerzsignalen anfechtet, daher abgetötet oder gezogen wird. Übertragen ins Geistige erzwingt also gerade erst die schmerzliche Anfechtung der Anklage die Abtötung des Geistes in unserem Gewissen. Biblisch umschreibt der Heilige Geist diesen Vorgang auch mit „gefangen nehmen"! Wir kennen es juristisch als Befangenheit oder im Umkehrschluss, die „Freimütigkeit" gleicht juristischer Rechtmäßigkeit.

Nun gut, um Gottes Ratschluss lückenlos darzustellen, braucht es allenthalben eben das Wort Gottes selbst, will sagen die Heiligen Schriften oder besser gesagt vor allem die Bibel.

Mein Anspruch mit dem Buch kann lediglich sein, Fragen, welche auf Missverständnisse fußen, zu erörtern und Missverstehen zu erklären, also offensichtlich zu machen.

Ich weiß, ich wiederhole so einiges, aber das tun wir doch alle, schier unendlich. Alle Menschen pflegen Gewohnheiten, unterscheiden dabei nicht zwischen förderlichen und verheerenden. Aber ...

... seine Geduld ist ebenso unendlich, nur aus dieser und seiner väterlichen Liebe leben und weben wir!

Zeit ist kein Thema, dennoch bewegt sich Gott nur vorwärts, wie ist dies aus unserem Blickwinkel zu verstehen, ohne Körperlichkeit, ohne Zeit?

Ganz logisch für sein „SEIN"! Er, der Seiende, er IST, er, Gott, ändert seine Vorgaben, welche eben aus seiner Allwissenheit entsprungen sind und auf seine Gerechtigkeit gründen <u>niemals</u>. Er geht also nur vorwärts, kein Rückschritt, kein von ihm gesetzter Beschluss wird hinfällig, im Gegenteil. Gott erhält seinen Bund aufrecht, den er mit den Menschen schloss, über all unsere Generationen, erneuert diesen mit jeder Heilszeit, welche die jeweiligen Bündnisse andauert, ohne auch nur das Kleinste revidieren zu müssen.

Gott schafft Bündnisse für ein eigenes irdisches Volk zu unserem Erkennen, das heißt für unseren Segen, zum Segen für die gesamte Menschheit. Er baut also geistig einen Zaun um eine definierte Menge, auf dass wir, das Gros der Menschheit, sein direktes Eingreifen erleben können, erschüttern müssen vor seiner Gewalt.

Wir also, wir sind gesegnet von unserem Vater, unser Schöpfer lässt uns die Wahl, ob wir dem Segen oder dem Fluch folgen wollen.

Wie bereits gezeigt, belässt er uns die Wahl, gegen Brüder aufzustehen, uns bleibt die Wahl, Unrecht zu tun, und es bleibt uns die Wahl, ob wir uns ins Licht Gottes stellen oder doch nur unser stolzes Ego erstrahlen lassen. Dann in der Konfliktsituation, welche daraus resultieren muss, weil Ego hart auf Ego trifft, haben wir wieder die Wahl, ob wir bereuen und sühnen oder lieber verdrängen und lügen wollen und eben die schlimmen Folgen schamhaft in der Dunkelheit verschleiern.

Das alles beschreibt uns Gott zu unserer Rettung in den Geschichten der Bibel, wir können alle Geschichten spiegeln bis hinein ins weite Universum und zurück bis hin zum Kleinsten, ins Atom. Ja, wir müssen Gott erkannt haben, wir haben Augen zum Sehen und Ohren zum Hören, es hilft uns keine Ausflucht, denn fast alles ist offenbar. Wenn auch Gott beim Schöpfungsakt nur dem Allerkleinsten befiehlt, für uns unmessbar klein, über die Nanoteilchen hinaus. Er lässt kondensieren, misst selbst den Quanten ihr Erscheinen zu, ohne Zeit, ohne Körper, ohne Takt und ohne fixe Realität. Und doch funktioniert alles zusammen offensichtlich und durchgeplant bis weit unter jede Wirklichkeit.

So tritt doch Gottes Ratschluss ans Licht, die Ordnung wirkt in die Realität und eben nicht eine Zufälligkeit des Chaos. Wir sehen keine Unordnung, die aber jedes ungeplante Verbinden, Reagieren, Oxidieren, Zerfallen und wieder Verbinden hervorbringen müsste.

Ja, auch das ist Gottes Gerechtigkeit, einen Plan befolgen führt in die Ordnung, einen Plan verwerfen führt ins Chaotische. Anarchie zeugt davon, aber überhaupt keinen Plan zu haben, Zufall regieren zu lassen endet immer in der Unordnung! Gott nennt uns das selbst im fast noch nicht existenten Tohuwabohu im Anfang bereits als heillos und niemals, nicht ohne Eingreifen, regenerativ.

Also halten wir nochmals fest: Unordnung führt sich nicht mit Millionen mal Millionen Chargen aus sich selbst zurück in eine Ordnung!

KAPITEL 14

Da erblühten die Bäume, da kamst du

Jetzt aber nach dem sehr langen Einschub wieder zurück zum Werk des zweiten Tages.

Gott vollzieht an diesem Tag abermals eine Scheidung!

Er befiehlt eine Trennung der „Wasser" in flüssige und gasförmige Erscheinungsform. Dazu setzt er eine Grenze, ein Fixum, welches mit „Feste" umschrieben wurde. Leider verstehen wir diese Grenzsetzung über der Wölbung des Wassers falsch als „Himmelsgewölbe". Den ganzen Tag also trennt nun der energetische Einfluss von außen, wie schon ausführlich erklärt, örtlich an jedem Punkt dieses gestern erst elementierte Wasser in flüssiges Wasser und in gasförmigen Wasserdampf. Diese Trennung von Anorganischem nimmt auch direkt auf alle organischen Verbindungen des Planeten Einfluss, welche in vielfältigen Kombinationen in eben dem Urwasser gelöst vorkommen. Es findet nun, logisch nachvollziehbar, kein einfaches ins All entlassenes Verdampfen als spontane Verdunstung statt, sondern eine Anreicherung von Gelöstem und eine Verdichtung aufgrund der hohen Sättigungen unter dem hohen Druck der Wasser auf unserer Erde. Alles Wasser, welches im Licht Gottes in die unsichtbare gasförmige Form verfügt wird, formiert sich zum Entstehen einer erdnahen Atmosphäre. Gott benennt uns diese umgangssprachlich mit Himmel. Den ganzen Tag vollzieht sich darunter, genauer definiert unterhalb der festgelegten planetaren Grenze, durch die Übersättigung des restlich verbleibenden flüssigen Wassers, Schöpfung. Rund um die Erde geschieht gleichermaßen Verstofflichung, also eine Bestimmung der elementierten Verbindungen in eine materielle Substanz.

Wie geplant, so gefordert, so wird ausgeführt, elementar fundamental, ein Grund wird gelegt. Hier also nun im materiell körperlichen Sinn: *„Einen anderen Grund kann niemand legen als der, welcher gelegt ist.“* Das wirkt noch an, entsprechend der befohlenen Zeit ohne sichtbare Lichteinstrahlung Gottes, welche Atmosphäre und das weite All trennt. Die Dunkelheit und Kälte zerren scheinbar uferlos und ruhelos am Planeten. Unter dem Schutz Gottes gelingt das Werk in der jungen, aber realen Zeit unter dem Begriff „die Nacht“.

Hier muss dringend darauf hingewiesen werden, bevor der dritte Schöpfungstag dämmert, dass genau wie wir heute Tag um Tag erleben, vom gleichen Zeitraum reden. Es geht eben nicht um Milliarden von Jahren, es herrschen auch nicht Millionen Grad Celsius, welche über Verstofflichung bestimmen, aber genauso wenig diese null Grad Kelvin, welche jede Bewegung in Erstarrung zwingt.

Nein, es regiert die Sphäre Gottes direkt in unsere Welt, ordnet alles unter die von ihr verwaltete Wertneutralität.

Nicht zuletzt dieser Sachverhalt führt Beweis für die Wahrheit der Schrift. Darauf kommen wir später noch zurück mithilfe der Logik und der Mathematik.

Gehen wir also weiter, lassen wir uns den dritten Tag dämmern. Beschauen wir, was, wie und warum Gott formatiert und wie dann bereits am Abend unsere Erde gar plötzlich grün ist. Dabei gilt es nach neuesten Berechnungsmöglichkeiten, zuerst in Betracht zu bringen, dass alles Wasser, welches jetzt noch über dem Grund bzw. über der sogenannten Erdkruste flüssig verblieben ist, in etwa 3 Kilometer Tiefe ausmacht, also den kompletten Planeten 3000 Meter hoch überdeckt. Ebenso muss in unseren Betracht, dass diese Erde bereits ähnlich wie der Aufbau eines Atoms schalenartig zusammengehalten wird. Die Masse der Erde zäh, fast flüssig zwischen den elementaren Ausbildungen unter einer festen Kruste schwammt. Diese Masse, welche wir als oberen Erdmantel bezeichnen, stützt sich also bereits am dritten Tag auf einem inneren Erdmantel ab, welcher wiederum vom innersten Erdkern getrennt zu unterscheiden ist. Dort tritt auch das Schwerefeld durch den Dichteverlauf in seine Berufung. Hier also wirkt bereits die allererste Masse, bewirkt Gravitation.

Gottes Architektur also berechnet die Massenzunahme bis in den inneren rein metallischen Erdkern und gründet durch Bewegung und Reibung den Magnetismus. Wie gesagt, der Schöpfer plant, befiehlt und beruft vom kleinsten Teilchen bis zur größten Massen- und Energiedichte, wie der morgige Tag dann auch beschrieben wird.

Aber erst zum Heute des dritten Morgens: Wie wir ja schon fast gewohnt sind, scheidet Gott wiederum zuerst sprachlich und dann räumlich alle Natürlichkeit, er verfügt Trennung. Er spricht direkt nur die Teilchen des flüssigen Wassers unter dem Himmel an, ihre Bindungen zu erhöhen. Er befiehlt also Wasserstoffbrücken zur chemischen Verbindung der einzelnen H_2O-Moleküle, erhöht somit den Siedepunkt der Flüssigkeit, zieht die Wasser zusammen, sodass Boden hervortritt. Er selbst benennt uns später den Boden als „Erde“ und das Nasse als „Meer“, er beschaut alles und teilt mit, das Gemachte für gut zu befinden. Übergangslos befiehlt er aus der Erde das Gras und das Kraut hervorzusprießen, er verfügt denselben sich fortan selbst durch Samen zu erhalten und nicht immerwährende Neuschöpfungen der Kohlenstoff-Verbindungen zu erwarten. Dazu liefert er, ohne viel zu erklären, den Bauplan in jede berufene Zelle der Verbindungen, stellt diese direkt auf die Erde mit ausgereiften Samen und Früchten, eine jede Pflanze nach ihrer Art. Eben in diesem einen Moment beruft er alle freien Kohlenwasserstoffe der urtypischen Atmosphäre und der Erde in ihre zellulären Verbindungen zum Aufbau der jeweiligen Pflanzen bis hin zum größten Baum.

Dass Zeit wahrhaft keinen Einfluss auf Gottes Schöpfungskraft hat, können wir uns heute, die wir ja das Wachstum beobachten und der Zeit ausgesetzt empfinden, nicht vorstellen. Zwar können wir im 3D-Drucker Materiellen-Aufbau beobachten und können auch im Zeitraffer natürliches Wachstum von unserem realen Zeitempfinden abkoppeln, und dennoch scheint uns Gottes Schöpfungskraft unmöglich. Unvorstellbarer ist es uns, als jedes aus sich selbst zu entwickeln. Ein langsames, über Millionen Jahre andauerndes Erscheinen aus dem

Nichts und ohne Vorleistung von Informationen gilt als realistisch. Design und Kreation lehnen wir ab, weil wir uns keiner nicht menschlichen Konzeption unterstellen wollen und uns lieber selbst als Invention und Innovation feiern.

KAPITEL 15

Humor und Geschick als Arrangement

Als Unterbruch nochmals ein Satz zu unserem zentralen Punkt Gerechtigkeit. Dieser mag der hauptsächliche Grund der Voreingenommenheit sein, gegen die Möglichkeit einer geplanten Erschaffung zu intervenieren. Wir sehen allen Ordnungen zum Trotz *keine* Gerechtigkeit, wir meinen Bevorteilungen und gegenseitige Ausnutzung und Abnutzung könnten niemals gottgegeben sein. Wir stellen uns den Schöpfer als ungerecht, kleinlich oder diskriminierend vor.

Dem ist keinesfalls so, denn alles ufert aus der Summe unser aller Tun. Es ist nicht so, dass ein Defizit mit anderem Defizit multipliziert unsere Defizite aufheben könnte, es gibt keinen Überschuss oder Vorschuss von Gerechtigkeit. Eine Vorfälligkeit von Schuld oder Gerechtigkeit im Geistigen ist unmöglich!

Der dritte Tag nun geht zu Ende mit allem an Pflanzen und Bäumen, eine jede nach ihrer Art, ausgereift mit Früchten und Samen, die ganze Nacht bis zum neuen, dem vierten Morgen. Fast unbemerkt befiehlt der Schöpfer hier wiederum eine Scheidung, wie wir sie heute noch beobachten. Die Arten der Pflanzen und wenn sie sich noch so verändert haben und nachsintflutlich sehr verdünnt und geschwächt in neuer Atmosphäre schwierig gekrümmt und leidvoll vegetieren, bleiben bis heute jede in ihrer Art! Die Erde erwacht prächtig blühend und grün am vierten Tag und ...

... oh Schreck, es gibt ja noch überhaupt keine Sonne, keine Sterne, also auch keine natürlichen, lebensnotwendigen Tagesrhythmen!

Das ist aber genau der Plan Gottes, er wusste durch seine Allwissenheit, durch seine Vorhersehung, dass wir Menschen wissenschaftliche Höhenflüge haben werden. Er wusste von unseren Evolutionstheorien und von unseren Millionen von Jahren, die zur Nötigkeit einer selbstständigen Entwicklung des Lebens rein rechnerisch für die Entwicklungsgeschichte nötig wären. Er kennt unsere „eigene", menschlich kleinkarierte Wahrheit. Er wusste von unseren Religionen, die sich selbst wissenschaftlich nehmen und doch nichts verstehen. Er wusste von deren Liaison, sich für ihr eigenes Überleben mit der Naturwissenschaft auf Millionen Jahre für natürliche Evolution zu verständigen.

Aber Gott hat Humor und Geschick, er stellt dieses Arrangement ad absurdum, denn wie hätte eine Pflanze ohne Sonne Millionen von Jahren auf den nächsten Millionen Jahren dauernden göttlichen Schöpfungstag warten können?

Nein, liebe Kleriker, so können wir nicht argumentieren von wegen für *„Gott ist ein Tag wie 1000 Jahre und 1000 Jahre wie ein Tag"*, und diese tausend Jahre dann noch mal mit eintausend multipliziert, passt es wohl? Die Schrift ist ja metaphorisch, oh nein!

Genau darum baut Gott all das, was er mit dem Planeten Erde am ersten Schöpfungstag in die Welt gerufen hat, nun erst am vierten Tag ins weite Universum. Er schöpft erst einen Schöpfungstag nach dem In-Existenz-Rufen der Pflanzen unsere Sonne, ja unser gesamtes Sonnensystem mit seinen restlichen Planeten und Trabanten direkt an ihrem jeweils zugedachten Ort im Raum. Indem er dies alles in ihre Bahnen fügt, erschafft er unseren Orbit und darüber hinaus jedes Planetensystem. Er gliedert alle planetaren Objekte mit der Erschaffung und je nach Schwerkraft in ihre Verbände zur Stabilisierung unserer dreidimensionalen Wirklichkeit. Gott zeigt dadurch seine Größe; milliardenfach und zu seiner Ehre nennt er jeden Stern beim Namen und wirkt weit darüber hinaus, bis über unseren jemals erfahrbaren Bereich des Weltenraumes. So schöpft er gleichzeitig Galaxie um Galaxie, formiert diese zu Systemen, gleich seinem himmlischen Heer zu seiner Verherrlichung.

„Wenn wir die Sterne zählen könnten, würde er sein Volk Israel verwerfen", daher dürfen wir wissen, dass Menschen niemals das Ende des Raumes erreichen werden. So wie er die Galaxien als Spiralnebel durch seine Gesetze der Gravitation bindet, als große Ansammlung von Sternen, so agieren seine Engel und Heerscharen für die Herrlichkeit Gottes in Formation. Allen Geisteswesen im Weltenraum und für alle irdischen Generationen dienten die Gestirne nach seinem Wort zur Bestimmung von Tagen, Jahren und Zeitenzeichen zur Orientierung.

Wie wunderbar und erhaben mag das für die Siedler der jungen Erde gewirkt haben, diese Lichter im Himmelsgewölbe gegen den tiefschwarzen Hintergrund der Tiefen des Weltalls?

Mit Ende des vierten Schöpfungstages „diente die Sonne der Erde bei Tag und der Mond bei Nacht", dies zeigt uns, dass die Erde wie heute ihre Bahn um die Sonne umlief. Ebenso der Mond seine Bahn um die Erde von Beginn an, eben „für die Scheidung des Lichts vor der Finsternis". Die Anziehungskräfte und Fluktuationen im Zusammenspiel mit den himmlischen Wesen sind befohlen und in Wirkung. Gottes Diener, die Engel, überwachen genauestens, durch diese erst gilt ja jeder Punkt im Raum als definierbar wie eingangs aufgeführt. Die Erdatmosphäre war nun durch Gottes Wort in ihre komplette Funktion geführt, die Pflanzen wandeln Stickstoff in Sauerstoff, der energetische Kreislauf ist befohlen, alles wird also den Weltenlauf nach Gottes Vorsicht bedingen.

Die Zeit irrt relativ, aber immer flüchtig durch den Raum, immer vorwärts, bis die Zeiten erfüllt sind und sich die Vollzahl der Nationen zu Gottes himmlischer Gemeinde eingefunden hat.

KAPITEL 16

Der Teufel liegt im Detail und ist frommer als der Papst

Was die „Vollzahl der Nationen“ meint und welche Änderung dieses dann im Zeitlauf der Zeitalter bedeutet, erklärt der Verlauf der Schöpfungsgeschichte am Ende des sechsten Tages. Nur so viel vorab, es ändert sich die Umsetzung der Gerechtigkeit von einer indirekten zu einer direkten Gerechtigkeit. Das Gesetz wirft dann keinen Schatten mehr, aber dazu später, denn die Erfüllung ist selbst heute noch zukünftig. Wenn von der Vollzahl die Rede ist, muss klar sein, diese steht in direktem Zusammenhang mit dem Gesetz, aber spiegelbildlich, weil es sich dabei um eine geistige Menge handelt, eine bestimmte Anzahl von „Gläubigen“, welche dem Gesetz gestorben ist und durch Heiligung für den Schöpfer abgesondert gilt.

Gerade aber da Religion das Prädikat „heilig sein“ missbraucht, trägt zur Verwirrung bei, nur geistliche Personen seien heilig und nach ihrem Tod dafür zu weihen. In Wahrheit aber kann die wirkliche Wortbedeutung doch nur als lebend, also willentlich herbeigeführt verstanden werden. Nach dem Tod ist keinerlei Heiligung mehr möglich, wir können Gott nicht mehr verherrlichen, indem wir unser Tun und Denken nach seinem Wunsch und zu seiner Liebe hinwenden. Dies ist doch logisch, denn wie sollte sich jemand, der bereits tot ist, überhaupt absondern können? Einen Toten reizt nichts mehr, und er reagiert nicht mehr. Hier in diesem ernsten Fall von Täuschung tritt das Gesetz in das Licht Gottes und überführt jene, die es wissen mussten, zur Gerechtigkeit durch Sühnung. Rechtfertigungsmöglichkeiten sind nach unserem irdischen Leben also generell eine Illusion. Der Mensch ist geboren, einmal zu sterben, bedeutet unmissverständlich, innerhalb unserer Lebenszeit ist eine Entscheidung zu fällen, für oder gegen Gott, ein „vielleicht später“ gibt es nicht. Die Fälligkeit ist hier durch rechtskräftigen Beschluss unversäumlich. Im Umkehrschluss wird deutlich, wie eine Religion selbst der geistigen Heiligung entgegenwirkt, indem diese körperlich absondert. Wie wir schattenbildlich anhand von Israel erkennen, ist der Segen irdischer Wirkung parallel zur körperlichen Absonderung. Religion selbst dient also nur der Institution der Körperschaft und nicht dem Menschen, für welche sie dienen müsste. Genau darum muss sich jede Person der zugehörigen Religion, also der tragenden Doktrin, genauer dem Gesetz für tot stellen, Körper und Geist sekretieren, um überhaupt alleine für Gott geheiligt zu sein.

Nun, um den Faden nochmals aufzunehmen, was diese Aussagen bevollmächtigt. Es ist die Zeit, nur sie ermöglicht es uns überhaupt, verifizieren zu können. Alles Körperliche ist von der Zeit gefangen, kennt nur eine Richtung, aber der Geist, alles Geistige ist zeitlos, also auch das Wissen. Wir leben in geschichtlicher Zeit und auch, wenn die Politik von „Zeitenwende" spricht, wird die Zeit nicht umkehrbar. Selbst die Entwicklungen lassen sich nicht an der Zeitachse spiegeln, denn der Fortschritt der Zeit erlaubt keinen Rückschritt, der Körper und selbst die künstlichen Körperschaften erlauben kein Zurück.

Das ist der Grund, welcher Aussagen überhaupt erst erlaubt, weil wir zurückschauen und zurück auf der Zeitachse punktuelle Marker mit eben der fortgeführten Wirklichkeit vergleichen können. Diese Marken, die wir in der Vergangenheit setzten, lassen sich nicht mehr manipulieren, sie können also als Fixum gelten. Weil wir nun von dem jeweiligen Fixum einen gültigen Ausgangswert annehmen können, sehen wir deutlich die Auswirkungen an der heute vorgefundenen Veränderung. Der Initialwert, also der erkannte Zustand, kann dessen Veränderung ganz genau deklarieren. Deklaration lässt uns folglich Verhalten erklären und somit Wahrheit an der Realität erkennen. Alles Erkannte können wir mit dem Wort Gottes abgleichen und unsere Erkenntnis fundamentieren. Wohlgemerkt gilt, der Grund liegt fest, daher brauchen wir Hilfe, unseren menschlichen starren Horizont auf genau diesen bereits gelegten Grund auszurichten, um mit unserem Geist als Baustein zur Vervollständigung, eben der Vollzahl einer himmlischen Menge für Gottes Sphäre zu dienen.

KAPITEL 17

Immer noch wolkenlos, der Himmel auf Erden

Es wird Zeit, denn wir formulieren ja gerade „Zeit“ in ihrem Zusammenhang und erkennen dadurch, dass uns die Zeit dienlich ist. Also es wird Zeit zum fünften und sechsten Tag von Gottes Schöpfung zu kommen. Denn genau dann, erst im Laufe dieses sechsten Tages, sind wir geplant, kommen hinzu! Von Beginn an, vom ersten Atemzug, körperlich und geistig im Einklang, ohne Mangel, ohne Last. Nun könnte mancher meinen, zu guter Letzt oder die Krone der Schöpfung, aber beides ist ein ganz falscher Blickwinkel. Denn der Mensch ist die Mitte der Schöpfung. Für uns hat Gott den Lebensraum gestaltet, und er sah, dass es gut war. Bleiben wir erst mal dabei, bei „gut“, aber klar, zuerst klärt der Morgen, dann leuchtet die neue Sonne hell und stark, noch nie gesehen mitten im Himmelsgewölbe, der fünfte Tag. Das Wasser wimmelt nach des Schöpfers Plan und Tat voller Getier. Vögel schwärmten am Himmel, er schuf also vom Größten jeder Art bis zum Kleinsten, alle für sich, jedes nach seiner Art, befahl er sie in die Existenz, mit dem Geschenk des Lebens aus Gott selbst. Da er sah, dass es gut war, segnete er alles Wimmeln und Schwärmen als Startpaket der Fruchtbarkeit bei größtem Artenreichtum. Bis aus dem Abend und dem neuen Morgen es fünften Tages der sechste Tag entsprang.

Gott befiehlt der Erde wieder im kleinsten Element und im größten Element, er vermengt Erde mit Leim und wickelt jeweils die entsprechenden Baupläne hinein als Zündstoff für jede nachfolgende Generation. Alles nach seiner Art, Gott setzt also wieder Grenzen, verfügt Trennung, sondert ab. Diese zu vermengende „Erde“ könnten wir heute zum Beispiel mit Aminocarbonsäuren umschreiben, und den Leim dazu kennen wir beispielsweise als Glycin, er wird in Altgriechisch als „ko’lla =

Leim“ bezeichnet. Sehr vereinfacht erzählt, baut also darauf alles Lebendige auf, aus Baustoffen wie Kollagenen; dies soll aber längstens keine Erklärung des schöpferischen Ablaufes sein, nur ein Funke, nicht das Licht der Anschauung. Können wir auch nicht, denn wir können allenfalls hochschauen, zur Ebene der Kreation. Gott schöpft also lebendiges Getier, sortenrein und nach Typ selektiert, vom Größten bis zum Kleinsten, vom Vieh bis zum Gewürm, von den Tieren des Feldes und den wilden Tieren der Erde, alle nach ihrer Art. Bestimmt sie alle durch seinen Befehl direkt von innen, fügt die allerkleinsten Teile sowie jede Verbindung zusammen und setzt Information hinein, kopiert und gespeichert in jede Zelle. All jenes beinhaltet einen speziellen Bauplan, designt ohne Fehler und mit allen Möglichkeiten der nötigen Eventualitäten. Und er sah, es war gut! Alles krabbelte, hüpfte und sprang munter und lustig in seinem Gang.

Aber jetzt wird es uns wahrlich gleich ganz warm ums Herz, wir erwarten den ersten Menschen.

Zuvor aber, stopp!

Also halten wir an, denn bevor der erste Mensch in die Welt kommt, kann ich als Autor die Menschen noch benutzen, ohne ihre Rechte zu verletzen. Ich habe die Freiheit und kann mir hier in meinem Buch ein Publikum kreieren, ganz wie es mir beliebt.

Der Autor scheint doch völlig frei zu sein, kann an sich schreiben, was er will. Oder muss er schreiben, was die Leser lesen wollen?

Den „Spin“ im Geist des Autors, dreht der die Realität? Ist der Stil im Text nicht frei, wenn er denn nachdenklich stimmt?

Nein, der Text muss auch polarisieren, muss den Leser mitnehmen. Die Identifizierung muss folgen, oder ist es doch umgekehrt?

Fragen wir also genau die Menschen, die es wissen müssen, zwingen wir sie als fiktives Publikum dieser Publikation. Ich nehme mir die Freiheit heraus, ohne überhaupt Menschenrechte verletzen zu können, denn es existiert ja noch kein Mensch. Ich setze mir also einfach die Leute auf eine Wolke, auf den Dunst, welcher dieses Buch ausstrahlt, zwinge sie in meinen Dienst. Sorry, ja, ich weiß natürlich, das würde Gott so nicht empfehlen, aber dennoch, ich habe ja meinen freien Willen, und längst habe ich Albert Einsteins Theorie schon belastet.

KAPITEL 18

Es ist nicht alles rosa, was glänzt

Also los, er, Herr Einstein, der große Physiker, ist auch mein erster Beobachter, denn dessen Formel habe ich aus seiner Perspektive eh schon misshandelt. Nein, nicht deshalb, er ist ja ein großer Denker, längst nicht so klein wie das Otto-Normal-Individuum. Ups, schon ein Widerspruch in sich, was ist schon normal? Ein Individuum sicher nicht, jeder Mensch ist individuell! Also Albert sagt ... nein ... er schüttelt sich, mag sich nicht äußern zum Sinn des Buches, er flüstert nur: „Sehr, sehr relativ." War mir eigentlich klar, denn der Dunst der Thematik hat ja schon eine große Wolke kondensiert. Schiebe ich also gleich zu Einstein den Herrn Stephen Hawking mathematisch dazu, mal hören, wie er die Sache beurteilt?

„Guten Tag, Stephen!" ... Er regt sich nicht, nicht mal zittern tut er, und seine Mimik kann ich diesmal auch nicht deuten, er schweigt sich körperlich aus.

Nein, ich denunziere niemanden, es gibt doch noch nicht mal eine Menschenseele. Es ist eben auch kein Realismus, wenn ich beschreibe und dieses hierhergezwungene Publikum zitiere. Ich muss doch wissen und fragen dürfen, um euch, die Leser, an der Stange, also linear durch meinen Text zu führen, ohne atemberaubende Verluste.

Eigentlich könnte ich hier beruhigt sein, denn Aussteiger, bevor es Einsteiger gibt, das ist irre, demnach unrealistisch. Dennoch weiter, jetzt erst recht, ich zitiere mir noch jemanden auf meine Wolke, jemand, der es genau weiß, wie ein Text zum Mitreißen aufgebaut sein muss, wie ein Text zwingend wird. Aber nein, das wäre ungerecht, das sei Ferne, das einzige Erzwungene soll doch hier das Verstehen sein. Das Verständnis des Lesers für die Wortbedeutung, den Sinn der Sprache, um überhaupt im Kopf die eigene Meinung leuchten lassen zu können.

Also ich zitiere zum Zitat, Herrn Marcel Reich-Ranicki, „bitte zu den beiden wissenschaftlichen Koryphäen!“ ... Puh, ein physisch mathematisches Erstarren der beiden, die sich andauernd, während ich dies schreibe, nur beäugen. Es scheint mir, als wären sie mit dem neuen Gast nicht konform. Nun aber, lieber Marcel, es ist für mich kein Wagnis, dich zu fragen, was du nun von dem Text hältst. Ich frage jedoch, ob mein Schreibstil die Leser mitnehmen kann? Zeitgleich, wie ich meine Frage formuliere, ziehen sich Herrn Ranickis Mundwinkel herunter, fast bis runter zu Stephen, und sein Kopf legt sich auf die Seite, knapp berührt er Albert, dem dies sichtbar unangenehm ist, der aber als Gentleman die Situation relativiert. Marcel hören wir nun lange einatmen, die Wolke sieben, auf der sich der Akt abspielt, wird dünner, so sehr zieht Reich-Ranicki ein. Selbst Hawking schielt ängstlich schräg nach oben, obwohl er statistisch keine Angst haben kann, rein mathematisch hatte er diese jedenfalls noch nie. Marcel holt aus, ich rechne mit keinem Lob, sein Gesichtsausdruck spricht Bände, obwohl ich in meinem ersten Buch erst in Kap. 18 bin, fürchterlich. Er verzieht nicht nur seine Mimik, nein, er zieht sogar seine Sprache. Während er redet, hört sich das genauso an wie mein Schreibstil, hoch und immer höher sagt er: „Ich stelle fest, dieses Buch hat Potenzial, aber dieses Potenzial ist sich seiner Potenz nicht würdig! Schlimm wie der Autor ein zuerst aufgebautes Thema runterreißt und an einer ganz anderen ...“ Albert Einstein unterbricht, er will Herrn Reich-Ranicki bestätigen, indem er sagt: „Ja, das fällt mir auch auf, genau wie ein Quarks, nein, noch kleinteiliger, der Autor dehnt die Sprache, er kommt auf einen Punkt, der Text, und schon läuft er rückwärts, man kann nicht folgen.“ Marcel, wie abgestochen, versteht den Albert nicht, dass dieser eben den Spin des Inhalts, den Sinn des Textes meint, und säuselt spitz: „Die Semantik ist zwar verständlich, aber der Satzaufbau läuft gleichzeitig in zwei oder drei, ja in vier Richtungen, das ist verheerend.“ Hm, ich sage mir nun einfach, der Reich’i hat die Leser schon immer unterschätzt, was sollte ich mir auch daraus machen?

Bemüht nicht dauernd neue Schachtelsätze zu bilden, bildet mich halt nicht wirklich. Wie punktuell und unerwartet kommt von Herrn Stephen Hawking ein Lebenszeichen, er beschwert sich überhaupt auf diese Wolke geschoben worden zu sein, eine Wolke, die in seiner Realität der Mathematik überhaupt nicht möglich ist. Genau wie der Text für ihn unlogisch ist, will er der Thematik Gerechtigkeit nicht folgen, „es wird viel zu viel Gott vorausgesetzt, für mich völlig absurd“, sagt er. Albert wirft wieder ein: „Relativ, diese Zeitsprünge im Ablauf der Thematik finde ich genial, und sie beweisen meine Theorie, die Zeit dehnt sich beim Lesen in die Länge, zieht sich wieder bei Höhepunkten zusammen, dehnt sich wieder und zack, stürzt sie in sich zusammen.“

Nun, ich habe ja die Rechte des Autors, ich kann also rechtlich unbedenklich, stauchend und drehend vor und zurück den Leser vom Yoga ins Jogging zwingen und mit einem Schluck heißen Tee wieder versuchen zu beruhigen. Also ich nehme mir die Freiheit und wünsche mir jemanden, der es wissen müsste, wie ich weiter vorgehen soll, lyrisch oder auch welcher Sprachstil überhaupt, um von Gott zu reden, angebracht ist. Mein Darüber-Nachdenken, wer wohl das sein könnte, wird wieder von Marcel unterbrochen, der trivialisierend hinweist, dass ich, der Autor, nun endlich weiterfahren müsse, um überhaupt meinen Lesern Stoff zu liefern, die Zeit läuft ja schon, bleibt doch nicht stehen, der Tee wird kalt.

Ich bete also, wer um Himmels willen zur passablen Wahrheit beitragen könnte, und wie vom Blitz gefällt, fällt Herr Joseph Alois Ratzinger auf den wabernden Grund der Wolke. Meine Gäste verstummen, noch mehr vor dieser Würde, aber nein, das ist scheinbar nur die Körperlichkeit, die diese Würde trägt, er schwebte ja nicht sanft herein, Ratzinger schlug sehr hart auf, kommt kaum zum Stehen und fluoresziert im Rhythmus mit dem Wabern der Wolke. Alle vier, inklusive meinerseits, suchen irritiert, warten auf das Gestaltannehmen des Ehrwürdigen, doch außer den Füßen, Händen und dem Kopf nur Flimmern. Albert als Erster wagt, ihn anzusprechen, Albert ist ja auch mit der Relativität einer Körperschaft formelhaft vertraut. Die ganze Zeit schon ritzt er mit seinem schwarzen Gehstock Formeln in die Ebene der Wolke, auf der sich die Versammlung eingefunden hat. Er spricht Joseph Alois mit Herr Ratzinger an, keine Reaktion, wie automatisch pikst Albert in die wabernde Hülle unter dem Kopf, die seitlich von Händen begrenzt wird und unten mit deutlich wahrnehmbaren Füßen abschließt. Das Fluoreszieren wechselt plötzlich zu einem dunklen, ja leuchtenden Violett. Das strahlt Würde aus, über diesem Strahlen blinzelt aber der blasse, ja fast schaudernde Kopf. Hawking, erfasst von Mitleid, will trösten und faselt was von „fürchte dich nicht, du bist hier, um uns auf die Sprünge zu helfen oder mathematisch korrekt ausgedrückt, um dem Autor das Einmaleins der geistigen Sprache nahezubringen". Das Fluoreszieren aus Violett und Purpur der Figur stürzt unmittelbar in ein strahlendes Weiß, der Kopf ist zwischen der weißen Körperlichkeit und dem genauso weißen Kappa nicht mehr sichtbar. Das Flimmern ist gänzlich vom Strahlen überlagert, bis auf ein leichtes Blinzeln; von dort, wo wir die Augen von Benedikt vermuten, ist alles starr. Albert in seiner Spontanität, oder eben entsetzt gleich den Urknall rückwärts und runter relativiert erleben zu müssen, stupst wieder mit seinem schwarzen Stock, und schwups, das Licht ist aus, grau in grau erscheint die Eminenz. Hawking, sichtbar erleichtert, streckt sich tief in seinen fahrbaren Untersatz und sagt, dass es so nicht weitergehen kann, dass, um der Gerechtigkeit überhaupt nur annähernd gerecht zu werden, nicht nur Männer auf der Wolke zur Meinungsfindung Platz haben dürfen. Wir alle, selbst Ratzinger, nicken, weil wir wissen, dass sich Stephen mit Annäherungen wirklich auskennt. Die volle Zustimmung muss, wie sollte es auch anders sein, der liebe Albert natürlich relativieren. Seine Formeln im Schwabbeln der Wolke lassen zwar keine Deutlichkeit in ihrer Anwendung mehr zu, aber Albert übersetzt, legt aus und erklärt, dass so auch keine Gerechtigkeit kreierbar sei, weil ja schon vier Männliche physisch nachweisbar da sind und insgesamt aber auf Wolke sieben also nur noch drei Weibliche passen würden. Ansonsten bräche das ganze Konstrukt von physikalischer Realisierung auf null herunter.

Das konnte klar nicht in meinem Interesse als Autor des Ganzen sein, ich übergab sofort die Regie. Stephen, ja selbst auch Autor, hat dazu mein völliges Vertrauen, die passenden weiblichen Persönlichkeiten mathematisch korrekt hierherzumultiplizieren.

Reich-Ranicki trippelte mit seinen Fingern fast gelangweilt, mit immer breiter gezogenen, aber umso schmaler werdenden Lippen auf seinen mitgebrachten Büchern, welche er beispielhaft zum Zerreißen immer mal wieder braucht. Es ist ja wirklich alles relativ, jeder braucht scheinbar etwas anderes zum Überleben, um die eigene Existenz nachweisbar und nicht nur simulativ zu erhalten. In voller Spannung, welche Dämlichkeiten nun begrüßt werden können, schauen alle in entgegengesetzter Richtung des Zeitstrahls. Aber mit dieser Lichtgeschwindigkeit, wie nun drei Gestalten verkörperlichen, hat selbst Herr Einstein nicht gerechnet, dass Herr Hawking so viel schneller rechnen kann. Aber dieser hat ja auch einen super Computer im Fahrgestell, sei's drum, keiner weiß wie, aber er funzt.

Die drei Neuen sacken kurz in die Wolkendecke ab, die ausbalancierte Wolke gibt erschreckend nach, kippt fast gänzlich auf die neu besetzte Seite. Der liebe Ratze, sowieso schon ganz starr, kommt gänzlich aus dem Gleichgewicht und packt sich, wohlgemerkt die erste Handlung seit seiner Anwesenheit, am Gestell von Stephen, welcher durch den Ruck seine Einheit von Körper, Leben und Rädern verliert. Der fahrbare Untersatz kommt in Schieflage, und zeitgleich rutscht Stephen unter dem Halt des großen Rechners hindurch, bleibt aber glücklicherweise mit dem Kabel seiner Sprachsteuerung noch fest verankert am Wolkenrand hängen.

Zum Glück beobachte ich ja das Ganze und greife als oberste Instanz ein, ich schiebe Stephen zurück in sein Fahrgestell und bringe dieses in festen Stand auf der Wolke. Behilflich dabei ist Albert, er kreiert sofort eine physikalisch wirkende Bremsformel, welche diese gefährliche Situation als erneutes Vorkommen mathematisch ausschließt. Durch das Setting, welches uns alle ablenkte, haben wir nicht einmal realisiert, wie, wer und durch was die drei Neuen, eigentlich als weiblich formulierten Gäste, verkörpert sind. Nur einer, nein, falsch, eine ist gleich erkennbar, weil sie wild gestikulierend um sich schwabbelt, in einem dazu noch viel zu weiten Overall. Wirklich namentlich zuzuordnen ist diese gestikulierende massige Gestalt aber nicht, denn sie gebärt sich wie von Sinnen. Erst mal auch egal, denn die beiden anderen Gestalten hinter dieser körperlichen Masse lassen sich ja auch nicht wirklich als weiblich, sogar kaum menschlich und schon gar nicht als Persönlichkeiten ausmachen. Sie beide stehen einfach wie zwei Teppichrollen unbeweglich am äußeren Rand der Wolke, bedenklich am äußersten Rand!

Herr Hawking aus seinem ja ganz speziellen Blickwinkel, so schräg von innen mit dem ihm eigenen Spin im Blick, berechnet scheinbar gerade die Zeit der Wahrscheinlichkeit ihrer Standfestigkeit. Albert sichtlich noch mehr genervt, hantiert derweil formelhaft weiter und relativiert das Geschlecht generell als nicht eloquent zur Äußerung des Menschen. Herr Ratzinger noch immer nicht er selbst, weil er sich betrübt den Unfall verursacht zu haben, kann sich einfach nicht verzeihen. Er wusste ja, dass der liebe Herr Hawking nicht wahrhaft rechnen kann, mit einem so ungeschickten Angriff. Und weil Vorhersehung in seiner Liga Voraussetzung ist, bekennt sich Benedikt derweil sechzehnmal schuldig. Ja, genau, sechzehnmal! Ich habe das Flackern zwischen Violett und Weiß konzentriert mitgezählt. Nun aber bleibt er irgendwie schwarz, ich frage mich, ob ihm wohl verziehen wurde?

Hawking dazu zu befragen ist unnötig, er glaubt eh nicht, und Herr Einstein faselt irgendwas, fast mittelalterlich, von Pech. Nein, mir ist auch nicht wohl bei der Schwärze, die nun scheinbar die Oberhand der Situation gewinnt, und ich erinnere mich an die Wirkung von Entropie, rechne also mit zunehmendem Chaos, obgleich ich noch schlechter rechnen kann als schreiben. Selbst die Wolke, der Sockel also, auf dem sich die Szenerie eingeengt abspielt, erscheint im Licht gesehen schwärzlich, fast unheilvoll!

Wie eine einzige schwarz in schwarz gespenstisch wirkende Gestalt, dicht an dicht, fast übergangslos stehen die beiden Rollen, rollenlos hinter dem Geschehen. Mathematisch allerdings lassen sie sich durch unterschiedliche Farbwerte sehr gut und different als zwei Körper in einem Erscheinungsbild erfassen. Physisch aber ist die farbliche Unterscheidbarkeit relativ, also nicht wirklich. Nur gut also, dass zwei hin und her rollende Augenpaare aus den Stoffballen, wie durch eine horizontale Schießscharte, hervorblitzen und verifizierbar zwei Personen belegen. Mir war noch nie bewusst, eine solche Vielfalt von Schwarztönen, es ist unglaublich, selbst der tiefschwarze Bildschirm am Fahrgestell mit dem Quertext wird von dem noch weitaus „schwärzeren" Joseph Alois Ratzinger theologisch übertroffen.

Alles also, so scheint mir, was einen Körper namentlich ausmacht, ist nur die Aura, die aus dem Stofflichen heraus strahlt!

Albert reklamiert immer noch, das Geschlecht, das weibliche, ließe sich so nicht beweisen, es könne kein Zusammenhang von den Augen zum Geschlecht formuliert werden. Alle sind gespannt auf die Erklärung von Stephen, der aber, noch völlig verspannt mit verdrehten Augen, hängt nur in seinem Gefährt, aber auf seinem völlig schwarzen Bildschirm erscheint quer über das ganze Display in großen weißen Buchstaben: DOCH.

KAPITEL 19

Die Mathematik des Alphabets der Schöpfung

Nun aber habe ich meinen Lesern eine uneloquente lange „Mittags"-Pause des sechsten Schöpfungstages zugeteilt, ich habe völlig überzogen und meine Autorenrechte unautorisiert ausgenutzt. Ich fühle fast wie Benedikt, obwohl ich Bernhard bin.

Also dringend zurück zum Ernst! Oh nein, jetzt bin ich wieder nicht korrekt, es ist ja nicht Ernst, es wird doch der Adam!

Aus jedem Punkt der Dreidimensionalität entsteht wie aus dem Nichts alles Geschöpfte aus den Grundstoffen der Materie vom ersten Tag und den Baustoffen, die bis gerade eben durch die eingesetzten atmosphärischen Bedingungen resultieren. Gott sorgt für beste Bedingungen, mühelos mit einem Gedankenblitz und durch sein Wort. Gott sprach also!

So in etwa überliefert er uns seinen Ratschluss, *„lasset uns Menschen machen"*. Die Genauigkeit, mit welcher uns Gott informiert, ist erstaunlich, denn er lässt uns mitteilen, wie er sich die Menschen gedacht hat. Eben nicht nur als einen weiteren Aspekt des Feuchtnasenprimaten oder eines Affen, sondern eben prädestiniert als Prädikat Mensch. Nach seinem Bilde sagt Gott? Ihm irgendwie gleich? Also ein Geist? Ja, nein und natürlich, muss die Antwort sein! Ein geistiges Wesen zwar, aber eben eingebunden in einen Körper.

Damit nie fraglich werden müsste, was nun im Menschen mit Gott zu vergleichen wäre, umschreibt er uns als die: *„Die da herrschen über die Fische im Meer und über die Vögel unter dem Himmel und über das Vieh und über alle Tiere des Feldes und über alles Gewürm, das auf Erden kriecht."* Noch weitaus mehr können wir daraus ersinnen, der Schöpfer stellt sich uns hier ja im Plural vor, Gott in einer Majorität! Das ist grundlegend und muss ganz oben auf unseren Schirm, um es salopp auszudrücken.

Nun schuf Gott also den Menschen, nach seinem Bilde schuf er ihn. Und zugleich gibt er uns damit, beachte, ganz wichtig, folgende Mitteilung als ein Attribut auf gleicher Ebene zum Spiegelbild Gottes, indem er feststellt: *„Schuf die Menschen als Mann und Frau"!* Also sehen wir uns im Gegensatz zu allem bisher Geschöpften besonders unterscheidend bezüglich des Geschlechts. Darauf kommen wir hier noch vielmals zu sprechen, vor allem, wie der Titel bezeugt, im Sinne von Gerechtigkeit, eben der Gerechtigkeit zwischen den Geschlechtern. Aber erst mal weiter im Verlauf der Schöpfung des *Sexus-Tages*, Schreibfehler: sechsten Tages!

Wiederum segnet Gott die Menschen, und mit seinem Segensspruch macht er ihnen alles, aber auch alles untertan, detailliert nachzulesen in der Genesis.

Bis hierher gekommen muss jedem drangebliebenen Leser klar sein, dass mein Schreibstil, bewusst schwer deutbar, immer auf die Wichtigkeit der Linguistik zeigt. Betont zu lesen ist gefordert, dann erst folgt das Bild! Nicht mit einem Bild im Kopf den Ton überhören und den Wortwert übersehen. Also wir erfahren alles Nötige, wenn wir es geduldig zulassen, hinterfragen und nicht Voreingenommenheit regieren lassen.

Im Schöpfungsbericht teilt uns Gott sogar mit, dass alles Lebende erst mal ein vegetarisches Programm auferlegt bekommen hat. Alles Lebendige lebt durch Informatik, dadurch erst läuft ein Programm der Information ab. Und ja, wir waren nach dem Ratschluss des Schöpfers alle vegetarisch programmiert, nicht nur wir Menschen, alle urtypischen Lebewesen assimilieren bloß vegetarisch, das heißt, ohne zu töten.

Anfänglich beschreibt das Buch die Ausgedehntheit des Raums, gefolgt von der gigantischen Beschaffenheit des Inhaltes, um annähernd aufzuzeigen, wie gewaltig der Schöpfer sein muss.

Wir sehen es jede Nacht, wenn wir in unseren Himmel schauen, obwohl der sich nur zweidimensional auf der Wölbung des Firmaments für unser Auge abbildet.

Aber dieses Reden Gottes als wahr zu erachten und logisch seiner Kausalität zu folgen ist uns zu klein! Wir wollen eben immer den großen Hammer. Nun gut, ich gebe nicht auf und beschreibe weiter, erkläre, nein, ich versuche annähernd die Gerechtigkeit Gottes bildhaft werden zu lassen, um diese wirklich plausibel als elementare Notwendigkeit zu beweisen.

Wie wir aus unserem Programm rutschen, weil eben die Wissenschaft den Papst von seiner Wolke holen muss, erzählt ein anderes Kapitel. Es ist überhaupt nicht wie auf unserer Wolke sieben der Kleinteiligkeit, wo Benedikt nur versehentlich den Herrn Hawking tangiert, sondern eben leibhaftig. Warum wir überhaupt bei Wissenschaft von einem Leib in Gesamtheit sprechen müssen, wo es doch zig verschiedene Körperschaften sind, unsere Wissenschaften, geht doch klar aus dem Hintergrund des Textes hervor. Genauso klar, wie auch das wissenschaftlich nachgewiesene und verifizierbare Hintergrundrauschen des Ursächlichen. Ja was nun? Vegetarisch hin oder her, aus unserem heutigen Blickwinkel eben nicht vegan, auch nicht umweltneutral, nein, das hat Gott nie erschaffen. Aber um das weiter aufzudröseln, lasst uns erst die Schöpfungswoche endlich werden, einen Abschluss finden.

Gott selbst schließt ab, ohnehin kann das niemand sonst!

Aber höre und staune, Gott sah sich alles an, alles, was er gemacht hatte, und seht, liebe Leser, es war sehr gut! Habt ihr aufgemerkt jetzt in der aufkommenden Dunkelheit?

Habt ihr es gehört, gemerkt im doppelten Sinne, was ein kleines Wörtchen ausmacht und ändert? Das kleine Wörtchen „sehr“ vor dem gut? Erst jetzt, also auch die Frau existent ist, kann Gott abschließen mit „sehr gut“. So groß und so prächtig die Erde und der Himmel und der Himmelhimmel, alles vollendet der Schöpfer mit der Nacht bis in den siebenten Tag hinein und schließt sein Schöpfungswerk am siebten Tag ab, welchen er segnet und heiligt als Ruhetag des Herrn.

KAPITEL 20

Die Haltbarkeit von „sehr gut" oder lieber gar nichts tun?

Wir ruhen jetzt, aber nicht bevor verstanden ist, was alles in diesen knappen Informationen zur Schöpfungsordnung steckt. Was Gott mit „heiligen" des Tages ausdrücklich meint, können wir ja logisch nachvollziehen, die Wortbedeutung der Heiligung wurde schon weitläufig erklärt. Den Tag heiligen meint eben, dass Gott wie immer Trennung befiehlt, auch sprachliche Trennung fordert und wir den Unterschied zu den anderen Tagen erkennen. Der geheiligte Tag ist deswegen anders, abgesondert von den anderen Wochentagen, weil es nun nichts mehr zu tun gab, den ganzen langen Tag, das Schöpfungswerk war ja perfekt. Es scheint sogar, als ob der Mensch auch perfekt ist, Gott sagte ja „sehr gut"! Nun müssen wir also ebenso jede Woche einen Tag nutzen, um die restlichen anderen Tage der Woche zu resümieren und entsprechend Gottes Wunsch Woche um Woche würdig zu erhalten. Jeder Einzelne für sich in Gemeinschaft mit Gott, dankbar, dessen Herrschaft bewusst festhalten und ihm im Rückblick, auf dass es sehr gut war, die Ehre geben.

Den Tag des Herrn also erachten!

Nun, um nicht eine wichtige Nuance unbeachtet zu lassen, muss ich noch ausdrücklich die Situation beleuchten, was Gott sagt bezüglich seiner Beurteilung „sehr gut" als Prädikat und der Prädikation desselben Zustandes in Bezug auf den Zeitstrahl. Denn Gott in seiner Voraussicht begrenzt das Prädikat nämlich als punktuell.

Ja, liebe Leser, schon hier müssten wir zusammengezuckt sein, wie ein Benedikt, der von Albert mit dessen formelbehaftetem Zauberstock angepikst, zu Joseph und gleichzeitig zu Alois „runterflasht" und einen Flashback erleben muss.

Es ist eben so, dass wir schon hier in Betracht ziehen müssen, es wird wohlmöglich nicht bei „sehr gut" bleiben.

Gott spricht in seinem Buch ganz anders als ich, er macht keine so viele unnötigen Worte, er weiß ja auch schon vorab, warum er was, wie und ob er es überhaupt formulieren will. Er gibt uns eine Strichzeichnung! Mein Buch ist hingegen krass das Gegenteil, ich übermale fast jedes Bild und jede Szene zu mindestens zwei Aussagen und vergewaltige den Leser, diese Bilder gedanklich mit jeder Szene einzeln vor Augen zu nehmen und zu analysieren. Natürlich, oder sagen wir selbstverständlich, habe ich niemals nicht nur annähernd die Genialität, in nur einen gesetzten Punkt so viel Informationen packen zu können. Mein gesamtes Buch, wenn es denn überhaupt mit Gottes Hilfe ein Buch werden wird, trägt weniger Informationen als ein einzelner Punkt Gottes auf einem winzigen Genom. Die Information also, die alles Leben braucht, ohne ihr, der Information selbst, bewusst zu sein.

Irgendwie kein Wunder, beneiden die Menschen Gott, dass sie sich Lichtjahre nicht annähernd so konkretisieren können wie der Allmächtige, oder sagen wir besser, immer schlechter werdend, allen Computern zum Trotz.

Oh, wieder sticht das Wort, oder war es Einsteins Formelhaftigkeit? Egal, ich sag ja nicht Fabelhaftigkeit, obgleich es gleich wäre, also mir jedenfalls ist es eben egal. Aber der Stich ruft hochzuschauen auf die Wolke der Sieben, wir wollen doch wissen, was es mit der verqueren Schrift auf dem Bildschirm von Herrn Stephen Hawking auf sich hat. Ob uns Stephen nun sagen will, was er mit seinem Widerspruch doch bezüglich des Geschlechts meinte? Albert wollte sicher nicht gendern, nur um Relativität auf allen Ebenen zu erzwingen.

Nachsicht, Vorsicht oder Vertrauen?

Wie in Kap. 9 aufgezeigt, setzt Gott auch heute harte Fakten seiner Existenz. Sichtbar zeigt er uns Menschen, dass Frömmigkeit alleine kein Indikator seines Wohlgefallens ist.

Daraus müssen wir erkennen, dass wir, wenn wir uns in eine Frömmigkeit zwingen und wir uns selbst auferlegten Religionen unterstellen, Gott nicht wirklich verstanden haben.

Für unseren Schöpfergott gilt nur unsere persönliche Grundhaltung, alleine ihm wohlgefällig sein zu wollen, egal was die Menschen veranstalten. Dies ist nicht mit einer punktuellen Entscheidung getan, sondern muss andauernd und jeder unserer Reaktionen vorauseilen. Diese Grundsätzlichkeit darf nie hinter etwas aktuell Wichtigeres oder scheinbar Notwendigeres zurücktreten, nur auf dieser Bewusstseinsebene ist Gott wahrhaft an erster Stelle. Erst in dieser Stellung redet er überhaupt zu uns, nur dann können wir wissen, was er konkret von uns persönlich erwartet. Nicht indem wir menschlichen Gefühlen dienen, wegen unserer Handlungsweise Wohlgefälligkeit erzwingen und daher Gott als bestechlich erachten. Verstecken wir uns aber hinter dem Gesetz und hinter jeweiligen kulturellen Gepflogenheiten, religiösen Handlungen oder Abläufen, können wir diese doch nicht als Gottes allgemeinen Willen bezeichnen, weil wir ja wissen, dass unser Schöpfer alle Menschen gleichermaßen liebt. Gott, so sagt er uns immer wieder, ist ein Gott aller Menschen und eben der Gott von Lebendigen und nicht von Toten. Wenn er doch ausdrücklich sagt, dass er unsere lieblichen Opfer (dieser Art) nicht mehr riechen möchte, warum beziehen Menschen dies immer auf jeweils andere?

Warum nur müssen wir immer und immer wieder unser Gewissen durch Ersatzhandlungen beruhigen, worauf fußt die Behauptung, dass Gott dies von uns erwarten würde? Wenn wir keine lebendige Beziehung zum Schöpfer für möglich halten und diesen nur auf einer ihm toten Ebene würdigen, wird Gott auch nach unserem irdischen Leben sagen: *„Ich habe euch nie gekannt.“* Wenn wir uns einreden, durch unsere Religiosität in Konformität mit Gott zu leben, obgleich er uns nicht lebendig erscheint, uns nicht persönlich anspricht, zeigt er uns damit, dass wir ihn nicht wirklich kennen. Wenn wir von einer Schuld wissen, schon bevor wir in dieselbe treten, ist es, als würden wir gerne in der Schuld verharren. Gott nennt dies unrein und vergleicht es mit einem Schwein, welches sich im

Schmutz suhlt. Wir also müssen jede Situation kritisch betrachten und suchen zu vermeiden, in welcher wir keine Freimütigkeit haben, Gott als wahrhaftig anzusprechen. Wenn wir uns vom Gesetz versprechen lassen, das Einhalten würde uns Gott wohlgefälliger machen, stellen wir das Gesetz über Gott selbst. Unsere Gesetzlichkeit macht Gott in diesem Falle also Vorschriften, sich dementsprechend gegenüber Menschen zu verhalten. Das Gesetz aber dient in Wahrheit nur der Überführung, auf dass wir erkennen können, niemals wirklich zu genügen, Gott weiß dies ohnehin. Warum also darin verharren, immer wieder aufs Neue die Hürde schaffen zu wollen? Wem oder was müssen wir Beweise bringen, reicht es nicht einmal hinzufallen, um zu erkennen und die Stolpersteine aus dem Weg zu räumen? Warum wollen wir Gottes Wohlgefälligkeit erzwingen, anstatt ihm einfach zu folgen? Uns auf sein Wort abstützen und seiner Güte vertrauen, ihm einfach glauben, dass er uns liebt und ihm dadurch seine Ehre geben ist das Ziel.

Wie das Titelbild des Buches darstellt, gilt es die vollkommene Gerechtigkeit Gottes zu erachten, um zu wissen, dass er von uns Wahrheit und Aufrichtigkeit fordern muss. Nur indem wir allen Input ernsthaft und wahrheitlich prüfen, die uns eigene Gefühlswelt aufrichtig arrangieren, segregieren wir im Sinne Gottes. Alles Ungesunde schalten wir dadurch mithilfe des Heiligen Geistes wirkungslos und scheiden betrügerische Gefühle als Unrat aus. Nur dann wird jeder der Welt neutral begegnen können und mit dem Bewusstsein weiterleben, dass Gott alle Menschen gleichermaßen liebt. Diese bewusste Wesens-Haltung im Geistigen macht uns Gott doch erst wohlgefällig! Es gibt keinen anderen Weg.

Zweiter Teil

Den zweiten Teil meines Buches beginne ich nun zum leichten Einstieg mit Humor, der uns nicht zuletzt auch von Gott geschenkt ist. Gott sagt ausdrücklich, wir Menschen sollen die Welt benutzen, uns an ihr freuen, mit ihm zusammen auch genießen. Wir sollen uns nicht an der Welt stoßen, es ist die einzige, die wir körperlich haben, aber wir dürfen selbst auch nicht zum Anstoß werden!

In diesem Sinne hoffe ich, dass die eine oder der andere Rezipient wiederholt lesend in sich geht, ehe mein Text als abstoßend zerrissen werden müsste. Mein ganzheitliches Gottesverständnis wird so manchen Menschen irritieren, aber ich versichere, dass alle Stilmittel, die ich einbringe, nur dazu dienen, unseren einzigartigen Gott lebendig darzustellen und, niemals seine Ehre herabwürdigen. Dass ich sprachlich in grellen Bildern bewusst überzeichne, dient dazu, Monotonie durch einen gleichbleibenden Rhythmus zu vermeiden, aber vor allem sind diese Geschichten unumgänglich, um das Körperliche in diesem Buch, also dessen Seele, zu Wort kommen zu lassen. Die Stilmittel der Metapher, des Vergleiches und der Personifikation dienen dazu, Blickwinkel zu öffnen, aber keinesfalls den Ernst der Thematik an sich zu verulken.

Gerechtigkeit Gottes ist immer der Schlüssel für alles, dies möchte ich als Autor auch im zweiten Teil als den tieferen Sinn der Abhandlungen verlautbaren. Wiederholung von wichtigen Zusammenhängen ist unumgänglich, weil so in verschiedenem Kontext Ursache und Wirkung wiederkehren und durch Abarbeitung unsere Wahrnehmung trainieren.

Wie gesagt gilt dabei das Wortverständnis als besonderes Werkzeug. „*Das Tier aus dem Meer*“ als Beispiel der Sprache: Im geistigen Bild bezeichnet „das Tier“ einen Herrscher im politischen Sinn, und „aus dem Meer“ meint, dass dieser Herrscher selbst aus dem Volk bzw. aus der Menge der lebenden Menschen hervorgeht.

Aber nun zuerst viel Spaß auf Wolke sieben, nehmt noch einen Fencheltee dazu, das beruhigt, und man träumt besser.

KAPITEL 21

Genieße, und täglich grüßt das Gemurmel in dir!

Einträchtigkeit trügt, dort auf dem beengten Raum der Wolke für sieben Leute, schaut, sorry, ihr seht es ja nicht, deshalb „be“schreibe ich ja!

Die Augen von Stephen rollen sich noch immer, oder wieder, wegen meiner Beschreibung? Herr Hawking, bitte, ich bin leider nicht so intellektuell erschaffen, mehr so praktisch-handwerklich halt. Doch obwohl ich meine Tastatur gänzlich ohne Haptik, aber mit nur einem Finger bediene, verselbstständigt sich alles, zum Verzweifeln. Oder nur zweifelhaft? Ich weiß nichts mehr, Hilfe!

Dem Publikum der Publikation wollte ich ja nur die Enge auf der Wolke beschreiben, nicht die Engel, die vielleicht später noch. Ich komme mir selbst schon klaustrophobisch vor, so kommen wir nicht weiter. Nein, Nikolaus, du nicht auch noch, du hast mit Gott und mit Gerechtigkeit wirklich nichts zu tun!

Schon von Weitem höre ich ein Murmeln aus Richtung der Wolke. Die Situation ist eine völlig andere als die vorherige. Während ich mein Buch überarbeitet habe, hat sich hier oben alles entspannt. Die Herren sitzen einträchtig zusammen und diskutieren munter über mein Buch und die Damen, jedenfalls die zwei Frauenrollen sitzen auf der anderen Seite der Wolke, in gegenseitiger Einträchtigkeit lächelnd sich gegenüber. Unmittelbar fällt auf, dass ihre Gesichtsschleier, auf denen sie nun sitzen, zuvor wohl doch ihre Weiblichkeit beherrschten. Die drei Herren auf der anderen Seite haben mein Ankommen noch nicht mal bemerkt, so vertieft sind sie in der Materie, meine Ausarbeitungen tangieren ihre Ansichten sichtlich. In der Mitte der Wolke auch sitzend der Papst in voller Eintracht mit der vor ihm knienden Voluminöosität im immer *hella* werdenden Overall. Die beiden sehen mich kommen, lassen sich aber auch nicht stören. Ich finde den Frieden der Szenerie sehr gut, freue mich über die Wirkung meines Textes auf der einen Seite, aber denke andererseits, dass vielleicht nur meine Abwesenheit hier für Entspannung gesorgt hat. Das wiederum wäre langfristig für meine Eigenheit fürchterlich. Egal, ich kann da nun nicht länger darüber simulieren, denn die Wolke beginnt sich um ihren Mittelpunkt zu drehen. Gleichmäßig zwar, aber kontinuierlich, ist das nicht eigentlich dasselbe, frage ich mich während der Formulierung, na ja, der Reich'i wird's wohl noch korrigieren. Die beiden Lächelnden im Schneidersitz sind völlig friedlich, ich höre nur noch im Hintergrundrauschen Allahu Akbar aus ihrer Richtung, überlagert von Halleluja mit starkem bayerischen Akzent. So viel Stärke im Benedikt hätte ich Herrn Ratzinger nicht zugetraut. Jetzt erst fällt mir der päpstliche Stuhl auf, weil Benedikt ja erhaben sitzt. Ich kann mir aber keinen Reim darauf machen, wie der Thron überhaupt auf die Wolke kam.

Die wissenschaftliche Dreiergruppe sitzt uneingenommen der Drehbewegung in Eintracht beschäftigt. Schön sieht das aus, wie Herr Einstein seinen Gehstock fest in die Wolke gestochen hat und entspannt wie ein Gentleman auf dem Knauf desselben sitzt. Seine Pfeife genüsslich kauend presst er den Rauch direkt auf die abgenutzte Oberfläche der Wolke zu einem neuen Pflaster. So viel Handwerker im Denker, bei vollständiger Entspanntheit faszinierend. Herr Marcel Reich-Ranicki sitzt auch viel entspannter wie je erlebt auf der Armlehne des Fahrgestelles von Stephen; dessen Bildschirm, axial hochgeklappt, nutzt er zur Korrektur meines Buches, welches auf dem Splitscreen scrollt. Währenddessen genügt die andere Seite des Screens Herrn Hawking für sein Berechnen der Situationen, schön, wie er entspannt, fast froh über die Nähe zu Marcel, völlig ruhig atmend, mit konzentriertem Blick arbeitet und noch zeitgleich mit Albert und Marcel kommunizieren kann.

Der Teil der beiden Damen im Land des Lächelns hat sich gerade sichelartig vom Rest der Wolke abgelöst und beginnt entgegen derer Drehrichtung sich selbst zu drehen. Daraus resultieren das Bild eines horizontalen Vollmondes als Drehscheibe und die beiden Damen im Schneidersitz mit unter dem Stoff weit zur Seite reichenden Knien. Es sieht aus, wegen des immer schneller werdenden Drehens, wie zwei tanzende Derwische. Irgendwie auch schön, obwohl Folklore nicht so mein Ding ist, und surreal, sage ich mir.

Es scheint so, als ob die Entspanntheit ansteckend ist. In der Mitte meldet dieser nun magenta -strahlende Overall betend, dass sie durch die intime Nähe zum Emeritierten, oder durch mein gesulztes Buch, blitzartig gläubig geworden sei. Genauer hinschauend fällt mir auf, dass der blonde Raspelkopf fast wie ein Heiligenschein strahlt, was mich zwingt, meine Theorie dazu zu hinterfragen. Während ich dies gedanklich jongliere, rufen die drei Musketiere, nein, herrenlose Muskelmenschen; autsch, entschuldige, lieber Leserschaft, ich bin wohl vom Hella-Schein tangiert, muskellose Herrenmenschen, wollte ich schreiben. Oh, sie rufen, dass sie dringend physikalische Hilfe bräuchten, ich solle doch Frau Angela Merkel auf die Wolke zitieren. Diese würde a) Physikerin sein, b) die Frauenquote deutlich stützen und c) relativ zu ihrer Macht kompatibel einsetzbar sein; d) wirft noch der heilige Overall hinterher, sie würde auch einen Massenausgleich bewirken. Oje, so viel zu Würde!

Während ich darüber simuliere, warum die namenlose Hella-Gestalt physikalische Sätze bewegt oder ob sie nur ihre eigene Masse meint, die zu kompensieren sei, antworte ich wie weggetreten, dass hier nur sieben Leute passend seien, aber acht eben nicht. Bestimmt weil der Papa auf dem Stuhl immer frömmelnd Halleluja seufzen tat oder weil er nächtens keine Ruhe gab, meinen die anderen einstimmig, er solle gegen Frau Merkel getauscht werden! Marcel bot sich an, die Sanctitas sofort aus der Szene herauszurechnen, aber die Einstimmigkeit müsse er zuerst ganz neu in sein System einpflegen, denn dieser Wert sei noch nie vorgekommen.

So wie Benedikt XVI. immer blasser wurde, wird er jetzt lauter, ob da ein Zusammenhang ist? Die Wolke selbst scheint irritiert, sie ist sich dem aktuellen Heilszeitalter nicht mehr sicher. Dieses wechselt zwischen römisch-katholisch und erz-bayerisch hin und her, bis Benedikt mit Joseph a. D. im Schleier seiner Würde gänzlich verschwindet. Nur sein Thron steht noch da, die Blondheit verblasst, wird immer *hella*, ich spüre ihr innerliches Ausrasten, aufgrund ihrer verlorenen Heiligungsnähe. Vielleicht aus innerer Verzweiflung zerreißt sie ihren Overall, was übrig bleibt, taugt bloß noch als Latzhose. Aber dennoch, es reicht, um die ans Licht gekommen herrlichen Brüste, sittlich jeweils mittig, aber ohne Latz mit zwei dünnen, trägerartig gespannten Stoffstreifen zu verdecken. Aufgrund ihres Entsetzens oder Scham wegen des Zerreißens, schauen die derweil ausgedrehten Derwische vorwurfsvoll zu Herrn Reich-Ranicki. Völlig unerwartet springt die halb nackte Latzhose ohne Latz, aber mit Busen wie von Sinnen von der Wolke. Da haben selbst die zwei Berufsrechner nicht mitgerechnet. Zugleich knallt von unten mitten durch die Wolke, den Heiligen Stuhl zerberstend, Frau Angela Merkel in die Mitte. Fast wie ein politischer Aschermittwoch beendet ihr Ankommen das Drehen der Wolke, der Halbmond schließt sich wieder gänzlich.

Sechs wäre nun gut als Wolken-Nummer, noch mehr Menschlichkeit ist nicht erträglich. Und jawohl, die Geschlechterquote passt und ist nun ohne bloßen Rollencharakter realisiert. Die Abwesenheit von Herrn Joseph Alois Ratzinger verwandelt die beiden Musliminnen in entspannte und emanzipiert wirkende Frauen, deren zu viel Stoff bereits durch das Zentrifugal des „vollen“ Halbmondes freundlicherweise relativiert wurde. Richtig nette Mädels sitzen da, machen aus den heiligen Stuhlresten ein Feuer, um den Tee, welchen ich in viel zu großer Menge vor Zeiten bereitstellte, wieder aufzuwärmen.

Da nun die Herren der Schöpfung die taffe Angela überschwänglich begrüßen, nehme ich einen noch kalten Tee und gehe wieder, meines Fehlens unbemerkt, an die Arbeit.

KAPITEL 22

Navigation erfordert Zielgebung

Ich schaue mir wie von Marcel empfohlen die Korrekturskripte durch und weiß nicht wirklich, was noch fehlt oder ob es bereits zu viel des Guten wurde?

Obwohl, Gutes gibt es doch nie genug, menschlich gesehen schon überhaupt nicht.

Ich erinnere mich an die Antwort Jesus, mit der er den Pharisäer verblüffte: *„Was nennst du mich gut? Niemand ist gut außer Gott im Himmel."*

Das tut gut, mir ist sofort leichter ums Herz!

Nun sollten wir also noch genauer beleuchten, wie sich unser Schöpfergott überhaupt zu Materie und dann zu Lebendigem verhält, wie es die verschiedensten Schöpfungsberichte wiedergeben und ob es sich chemisch, physisch und mathematisch nachvollziehbar gestalten lässt.

Gott redet davon, *„im Anfang"* sei sein Plan gewesen und sein Wort diente der Verwirklichung. Aber wie geht es dann überhaupt weiter, wenn alle Materie doch zerfällt?

Erst mal erfahren wir den Weltraum als schier unendlich, aber nur im Sinne von nicht fassbar und mathematisch nicht wirklich zu definieren! Dessen Ausdehnung aber haben wir erkannt und erklären können. Diese beschreibt sich durch alles Stoffliche, was eben hineingeschöpft wurde, und durch den ständigen Verfall, welcher die Fluktuation vorantreibt, da der nicht stoffliche Raum bereits „im Anfang" definiert wurde. Alles Geistige aber tangiert keine Materie, und keine Zeit kann daher innerhalb des Universums generell als grenzenlos gelten. Gott selbst beschreibt das Universum außerhalb irdischer Atmosphäre als „der Himmel Himmel", also erst darüber hinaus scheiden sich die Geister. Nur das materielle Universum im Raum ist eben endlich und zum Zerfallen verurteilt.

Wenn unser Schöpfer aber alle Materie wieder in Form von Energie zurück in sein göttliches unauslöschliches Licht zieht und nur noch Dunkelheit übrig bleibt, also nichts, spätestens dann wirkt unsere Entscheidung totalitär, ob unser geistiges „Ich“ in der Gemeinschaft mit Gott im ewigen Licht oder in der Dunkelheit eines ewigen Nichts verbleibt. Wir haben lernen dürfen, dass Sünde eben die Abwesenheit von Gott meint und wörtlich „Ziel verfehlt“ bedeutet.

Daher unterscheiden wir ja eine Privatsphäre mit unantastbarer Würde innerhalb einer öffentlichen und politischen Sphäre von den anderen geistigen Strömungen als unser „Rein“sein, abgesondert auf geistiger Ebene. Würde ist also ein Zustand unseres Geistes, welcher uns erlaubt hinzuzutreten in die Herrlichkeit Gottes. Seiner unendlichen Güte dürfen wir glauben und ihm vertrauen, weil er alle Menschen liebt und möchte, dass niemand verloren gehe. Er selbst gibt uns die Hoffnung auf eine neue Erde und einen neuen Himmel mit einem als unverweslich neu verkörperten Geist, als Individuum eingebettet in eine Welt ohne Hass, ohne Neid, also ohne Schuld und ohne Tod.

Unsere Verfehlungen aber, sofern wir diese ungesühnt belassen wollen, führen letztendlich zu unserem geistigen Tod, welcher sich langsam und qualvoll verzieht in einer Welt ohne Gott.

Unser irdischer Tod aber trennt unseren Geist, entlässt diesen in die Expansion des Universums. Also in das Licht Gottes oder in die Dunkelheit.

Es gibt kein weiteres Leben, keine neue Chance zurück auf unsere Erde, wie wir sie kennen, in ein zweites Ich!

Es bleibt also unsere Entscheidung im Hier und Jetzt, ob wir uns unserem irdischen Sinn totstellen mögen und uns wiedergeboren im Geiste nach dem Sinn Gottes ausrichten, uns zu seiner Ehre in sein Licht stellen.

An dieser Stelle des Buches, bevor wir den zentralen Punkt beleuchten, noch eine passende Anekdote.

Wohin steuert unsere Welt?

Anhand von folgendem Geschehnis könnte uns etwas einleuchten. Wenn wir den Leuchtturm wahrnehmen, welcher uns vor falschem Fahrwasser warnt.

Es war ein Schiff unterwegs und kam auf hoher See in einen mächtigen Sturm. Die Leute bekamen große Angst, das Schiff ginge unter, liefen zum Kapitän und sagten: „Kapitän, du musst beten." Der Kapitän aber antwortete: „Ich hab schon fünfzehn Jahre nicht mehr gebetet, das will ich nicht!" Der Sturm wurde noch heftiger, also gingen die Leute wieder zu ihm hin und flehten: „Kapitän, du musst beten!" Dieser ließ sich dann doch überreden und betete folgendes Gebet: *„Lieber Gott, bitte nimm diesen Sturm weg, du weißt, ich habe schon fünfzehn Jahre nicht mehr gebetet, und ich verspreche dir, dass ich dich auch die nächsten fünfzehn Jahre nicht mehr belästigen werde!"* Wir meinen, der Mann hatte eine merkwürdige Vorstellung von Gebet, aber offenbar hat Gott ihn dennoch erhört, denn das Schiff ging nicht unter. Die Vorstellung des Kapitäns von Gott in Bezug auf unser Beten war aber tatsächlich, wenn auch nur intuitiv, richtig!

Denn alles Klagen, welches in der Welt ist und in die Welt kommt, liegt bei unserem Herrn auf dem Tisch! Es wird von Gott nicht „irgendwas" und nicht „irgendwer" ignoriert, alles wird geprüft, und in allem wird der Gerechtigkeit Genüge getan.

Von daher ist unser ständiges Klagen und unser oft unsinniges Bitten ein Belästigen Gottes. Es ist so, dass alles Anklagen, welches aus unserer Seele schreit, als Nötigung Gottes zu werten ist.

Nur Gottes unendliche Geduld, die unser Schöpfer für alle Menschen hat, lässt überhaupt zu, dass er unsere Empfindlichkeiten in diesem Sinne gelten lassen kann. Was wird nicht alles beklagt, geklagt, angeklagt und verklagt, obwohl wir aus unserem engen, quasi punktuellen Horizont nicht annähernd die Zusammenhänge beurteilen können.

Der Kapitän wusste also in seinem Herzen vom Gebet, welches wir aber nur mithilfe des Heiligen Geistes abwägen und an unseren Schöpfer herantragen können. Die fehlende Gottesfurcht, die irgendwie in unserem Gedanken-Geflecht verloren geht, wenn wir zwar über Gott sinnen, seine Schöpfungskraft aber verleugnen, das ist der Mangel.

Wenn in allen Religionen deren jeweilige Dogmatik zu ihrem „Gott“ gemacht wird, folgen die „Gläubigen“ eben nur einer Institution, anstatt sich selbst voll und ganz ihrem Schöpfer anzuvertrauen. Somit trennt also die Religion den Menschen nicht wirklich von der „Welt“, sondern hält ihn eher nur ab, zu Gott zu gelangen. Heiligung zu Gott hin meint aber, jeden Einzelnen vom „Weltlichen“, in dem wir natürlich körperlich leben, wenn wir in der Welt aufgehen, ins „Geistige“ zu führen, damit wir in der Gemeinschaft mit Gott aufleben.

„Dass Gott alle Menschen liebt und möchte, dass keiner verloren gehe“, beziehen wir gerne auf uns selbst, aber, „dass derselbe Gott daher auch unser Tun hasst“, das beziehen wir nur auf andere!

So aber geht dies nicht; weil wir den Leuchtturm scheinbar nicht nötig haben, wollen wir nicht verstehen.

Gott ist vollkommene Gerechtigkeit! Daher kommt es ganz sicher auf unseren Willen an. Dieser muss in unser Bewusstsein lassen, dass wir aus uns selbst nie genügen können, um allen Anklagen, welche in uns selbst und in der Welt gegen uns lasten, gerecht zu werden.

Die Sühnung aber für alle Schuld der Welt ist uns geschenkt, auf dass wir diese für uns in Anspruch nehmen.

Unser Wille also ist letztendlich der Kapitän unseres Lebens und der Steuermann in eine Ewigkeit bei Gott. Der Heilsplan Gottes für die Welt, seine wertvolle Sühnung ist aus Gnade für uns geschaffen, eine Gnade, welche der vollkommenen Liebe Gottes entspringt, Dank sei Gott dem Herrn.

KAPITEL 23

Hin und her im Drangsal der Zeiten

Während sich meine Seele Kapitel um Kapitel zu einem Buch ergießt, stehe ich ab und an irgendwie daneben. Punktuell kommen mir Dinge „vor" mein Bewusstsein, die nicht wirklich fassbar sind. Nebulös und zum Verzweifeln, wenn diese Verselbstständigung aus dem Ruder läuft. Wie soll ich es beschreiben, dieses Bewusstsein, sicher nur räumlich, denn es erscheint doch begrenzt. Ich spüre es als fast körperlich und schmerzhaft wie Stiche, ja, so muss ich es beschreiben, klar punktuell, aber wie eine Funktion wellenartig, die im Tal den Horizont verliert und erst auf dem Kamm der Welle plötzlich wieder ins Sichtfeld kommt.

Halt, das ist aber nicht das, was ich mit dem Bewusstsein meine und schon gar nicht der räumliche Ort dessen, die Seele.

Ich versuche zu erfassen, die Welle fällt in ihr Tal, sie ist frustrierend, die Frequenz, und so ungleichmäßig. Manches Tal ist so tief, dass der Gedanke versackt, oder so lang, zeitlich, dass ich diesen verliere, er war ja überhaupt noch nicht in meinem Bewusstsein angekommen!

Nun, wenn man dem Bild folgen möchte, welches ich hier zeichne, dann sieht man einen Raum des Bewusstseins, umschlossen mit einer Membran also eine filterartige Umfassung. Da hindurch muss alles, was ins Bewusstsein einfließen will.

Leider haben wir bewusst nach draußen, also vor das Bewusstsein, keine Handhabe, so quasi durch die Hintertür etwas reinzuholen. Wille hin oder her, ich kann eben die Dinge, die vor meinem Bewusstsein aufblitzen, nicht fassen!

Das ist die Qual, die ich eingangs des Kapitels verspürte. Aber gut, dass wir auch unbewusst funktionieren, sonst könnten wir uns weder aus einem Tal noch von dem Höhenkamm lösen. Wir Menschen neigen ja dazu, wenn wir oben sicher stehen, uns damit nicht zu begnügen, wir nehmen dann jede Möglichkeit in Kauf, noch höher zu kommen. Die wenigsten Aufstiege aber finden überhaupt einen Pass, um weiterkommend auch wieder runterzukommen. Unser Runterkommen rückwärts aus der sogenannten Sackgasse ist mit der Gewalt des steilen Berges kein Spiel. Abgestürzte sehen wir dabei viele liegen, die Kameraden, das bilden wir uns ein, haben aber doch mit uns selbst nichts zu tun. Dies ist auch gesund und selbsterhaltend, dass eben doch Hand und Fuß noch Halt findet.

Nein, es ist kein Abschweifen, es geht immer noch um das Bewusstsein. Aber es stimmt, ich muss aufpassen, den Filter im Auge behalten, wäre das Bild dazu. Denn das „Gefasste", das, was drinnen reinkam, ins Bewusste, als Denkbares eben, fällt leicht wieder raus. Von innen gesehen ist die Membran eher ein Sieb! Kein Filter, der entscheidet, was rauskann, so einiges fällt durch die Maschen wieder raus, vielleicht ist das auch gut. Alle Menschen kennen die Umschreibung im Körperlichen, als wenn uns etwas durch die Lappen geht. Genau hier spielt die Musik, um beim Bild zu bleiben, sorry, nun eben beim Klang. Also halten wir fest, beides ist körperlich, Bild und Ton!

Zurück zum oben reklamierten punktuellen Anklopfen irgendeines noch nicht gefassten Gedankens, das nervt schon, das unregelmäßige Klopfen!

Ja, das, was anklopft, kennt sich wirklich aus, es weiß genau, dass Regelmäßigkeit sowieso zum Überhören zwingt. Mist, diese Sprache, jetzt fällt mir wieder das Gesetz ein, ob diese „Regel"mäßigkeit überhaupt zu mäßigen wäre? Genau dies ist ja mit dem Thema dieses Buches *aspektabel* verknüpft. Ungerecht, wie alles gedanklich einander pulsierend tangiert, wer ist überhaupt für solch ein Knäuel im Kopf verantwortlich? Strich drunter erst mal!

Genau den bestimme ich, mein Wille als denkender Autor, streiche ich einfach das Gefühl unter den Strich, weil durchstreichen, nein, so weit will ich nicht gehen, Gefühle durchzustreichen, das sei ferne, dazu sind diese viel zu wertvoll, Gott sei Dank! Nun, wo bleibt der Sinn, kann er folgen?

Es ist verheerend, weil ja eine Interferenz von Klopfenden, noch nicht gefassten Gedanken sich völlig überlagert! Puh, wenn es denn wenigstens nur zwei dieser Wellen wären, die vom Berg ins Tal zucken, aber das ist Wunschdenken, wir ticken eben mit dem Superpositionsprinzip, so groß ist Geist. Unfassbar!

Blitzartig, von wegen der Wörter, die den Körper des Sinns bilden wollen, flackert „verheerend“, „mäßig“, „Hand und Fuß“ und „akzeptabel“ in mir auf. Das alles allerdings nur nebenbei beschrieben, dem Leser wahrscheinlich nicht passabel, oder sollte es doch plausibel meinen? Warum wohl fällt mit jetzt gerade Herr Reich-Ranicki ein? Warum blitzt dieser Gedanke wiederholt in mir auf? Ich komme nicht drauf, entweder zu steil der Berg, nein, zu kurz die Welle, zieht mich wieder mit runter!

Aber ja, ich höre sehr lebendig Herrn Reich-Ranicki von dort oben, von der Wolke runterdonnern, wie er spitz mir insuffliert: *„Liebe Leser, es ist verheerend, wie dieser Autor in seiner Mäßigkeit unmäßig und ohne Hand und Fuß die Sprache inakzeptabel misshandelt …“*

Autsch, jetzt schießt es mir ein, ich habe meine Wolke sieben vergessen, oder besser die sechs auf der Wolke, sorry, ich muss genau sein, ohne Genauigkeit keine Wahrheit, ohne Wahrheit keine Gerechtigkeit!

Schwer ist es schon, das Thema, das Buch also, seid gefasst, es ist noch weitaus nicht verfasst.

Hilfe, wo gibt es eine neue Sprache ohne dieses indifferente Flimmern, oder flimmert es nur in mir, dem Autor? Das wäre nun aber völlig ungerecht!

Apropos Autor, nun habe ich die Wolke wieder vergessen, nein, ertappt, ich verdränge den Gedanken an diese „doofe“, ich spreche es nicht aus, ihr habt es ja gemerkt, ich verdränge den nebulösen Wolkengedanken nicht, ich streite ihn einfach ab. Wie aber geht das ohne Lüge? Herr im Himmel, ich bitte die Leser um Verzeihung!

Ich atme durch, ich bin’s doch, der Autor, und schreibe was, wie und wann ich es will, basta und deshalb noch mal, apropos Autor. Ich bin ja das Auto, das den Sinn zum Leser fahren tut, und trenne bewusst, filtere aus, segregiere in mir, was rauskommt, heilige also den Sinn, welchen ich liefere. Verbrenne alles andere, den Unsinn auf dem Kampfplatz meiner Seele, so wird mir wieder ganz warm ums Herz.

Schön wird’s mir, das ist Seligkeit, so fromm ist der ins Kapitel gefasste Gedanke, eingebunden zum Buch, beruhigt irgendwie, religiös!

Er zwickt mich nicht mehr, ist ja nun fix aufgeschrieben, kann nicht mehr entrinnen. Nun endlich wird mir vieles klarer, aufgeklärt haben mich meine Sinne, ich merke, ich bin sinnhaftig, und die Schnittmengen werden größer, treffen sich in meiner Gottseligkeit, ja ich merke, die Gottseligkeit verlangt nach Sinn, macht sich irgendwie gleich, fordert sogar eine Sinnseligkeit. Futter für die Seele, so sagt man, aber genau das ist falsch!

Die Seele darf nicht gefüttert werden, sonst wird sie stark und groß. Es braucht dann viel zu viel Kraft und Zeit und einen sehr großen Besen, den Kampfplatz von Geist und Gefühl zu kehren, sauber zu halten, zu „bekehren“ eben.

Wir sehen aus diesem Bild, dass es irgendwie immer „Religion“ ist, was sich in uns abspielt, ja abspielen muss. Dass es Doktrin ist, was wir uns einbilden, und ein Interagieren von Eigenheit und Körperschaft. Deshalb bauen wir auch künstliche Körperschaften, die Religionen, um, dass einmal Gefasstes nicht verloren geht.

Dass es eingebunden wird, fix und greifbar für uns, dass es nie kalt wird ums Herz, auf dass wir immer was zum Verbrennen finden. Brennholz eben, was nicht passt, all das, was wir vom geheiligten Sinnen abfällen können.

Daran halten wir erst mal fest ... also auch hier, Cut!

Dieses Mal kein Einschub, ***ha***, aber ein Nachschub, denn alles muss gelöst werden. Gerechtigkeit übergeht doch nicht, ich lass niemanden im Regen stehen. Genaustens zu sein fordert der

Titel meines Buches und nicht zuletzt das eingefasste Thema, gerechte Schöpfung.

Wenn ich nun Autor mit Auto assoziierte, oder gar mit einem Vehikel gleichgesetzt habe, ist das natürlich nur ein Wortspiel. Auto ist die Kurzform von „Automobil". Auch wenn kaum jemand den Sinn meines Wortspiels in solch ernsten Themen auf Anhieb nachvollziehen mag, muss klar sein, dieses „Werk" beansprucht vor allem Ernsthaftigkeit. Ziehen wir also den Vorhang auf, es muss gezeigt werden! Auto bedeutet „selbst" und mobil bedeutet „beweglich", daher wäre ich ein „Selbstbeweger" und bewege nun das, was mich bewegt, zu euch, den Lesern.

Wohlgemerkt, ich schrieb wieder im Konjunktiv, der Kurzschluss ist äußerst schmerzhaft, ähm, der Rückschluss, meine ich, denn das Buch selbst wäre ja das Vehikel, das Auto also, dann wäre ich nun höchstens noch ein „Tor".

„Autor" kommt aber in Wahrheit von fördern, daran hängt zwar befördern, was ich nun nicht wirklich meinte, das ist nur der halbe Vorhang. Die Bühne wird aber von der Mitte her aufgezogen, ziehen wir jetzt die zweite Hälfte auf und stellen die Bühne auch ins Licht. Wortverständnis ist essenziell, ich weise ja ständig darauf hin. Denn verloren gegangene Wortbedeutungen sind gefährlich in religiösen Schriftüberführungen aus alter Sprache zu junger Sprache.

Die Sprache nämlich, die schleift sich ab. Daher zeigt sie sich auch nicht rein geistig, sondern transportiert körperlich, wie ich sagte: Seelisches!

Das Abschleifen ist äußerst gefährlich, weil eben auch der Sinn leidet. Es ist wie das Leben, das seine Lebendigkeit am Ende verliert, ein künstliches Abnutzen der Informationen, welche zur Erneuerung essenziell sind. Ohne fortgeführte und weitergegebene Information in jeder Zelle stirbt diese ab. Das ist ein Abschleifen, weil mit jeder Erneuerung die Informatik quasi etwas abschneidet, ja abschneiden muss. Nicht wie bei toter Materie, die so oder so kontinuierlich zerfällt. Nein, Leben muss künstlich durch ein programmiertes Abschleifen der Information getötet werden, sonst lebt es weiter!

So viel erst mal zum Bühnenlicht, ich wollte ja eine Überleitung schaffen zur großen Bühne der „Vor"weltgeschichte. Hin zu Adam und Eva, mitten rein ins Paradies, um noch den Tag des Herrn zusammen feiern zu können.

Ihr erinnert euch noch?

Aber nein, das klappt so nicht, ich bin dazu wohl noch nicht autorisiert. Autor bin ich also doch nicht, um bei der ganzen Wahrheit zu bleiben. Penibel aufmerksame Leser werden es eh schon gemerkt haben, es wird ja erst mein erstes Buch! Also bin ich höchstens Schriftsteller, ich habe noch nicht ein Kapitel verlegt. Klar, den einen oder anderen Text habe ich schon als Traktat weitergegeben, aber Autor bin ich eben nicht im wahrsten Sinn des Wortes. Darauf aber, auf den wahren Sinn kommt es an, was meine oft hyperbolische Betonung ohne Ton erklärt.

Autorisiert bin ich oder habe ich mich im Moment noch nicht, um uns alle ins Paradies führen zu dürfen, hoffen wir auf das übernächste Kapitel.

Auch auf die Wolke wollten wir, oder zumindest ich, Marcel hat sich ja bereits deutlich in meine Erinnerung gewettert, ja was so alles vom Himmel kommt! Er ist so sauer, sitzt auf seinen noch nicht zerrissenen Büchern und stützt sich mit seinen Mundwinkeln direkt auf seinen spitzen Knien ab.

Nein, Leute, bitte provoziert mich nicht dazu, den lieben Reich'i zu verärgern, sonst wird's lange nix mit Autor.

Ja, und die anderen lassen eh „fünfe grade" sein ... zum Glück, wenn die wüssten, dass ich die Wolke vergessen musste.

Die hängen dort einfach ab, cool ist das schon, beneidenswert irgendwie, so abgehoben. Der Albert sitzt auf seinem Stock und ist eingeschlafen, relativ ruhig, denn er schnarcht ziemlich laut. Die Muselmäuse sind super drauf, haben sich wieder ihren Halbmond aus der Wolke herausgebetet und schaukeln vergnügt auf der Sichel. Stephen ist nur am Zuschauen, wie hypnotisiert wandern seine Augen mit den Mädels auf der Schaukel hin und her. Er ist eh ein wirklich ruhiger Typ, bewegt sich auch sonst nicht übermäßig, und die Angela wartet geduldig auf die nächste Legislaturperiode, das dauert, bis sie sich selbst erlaubt etwas zu sagen. Ansonsten hat sie mit dem Periodensystem schon lange nichts mehr zu tun, als Physikerin meine ich, natürlich.

Ich darf mich nicht so weit aus dem Fenster der biblischen Geschichte hängen, muss ehrfürchtiger sein, wenn der Herr es will, dann lässt er uns alle hängen und verhungern, auf unseren Wolken.

In dem Sinn frage ich mich gerade, ob Mohammed seine Mädels dort oben retten würde?

Was meint ihr, wer kennt ihn denn, wäre er sauer, weil die beiden den ehrwürdigen Neumond missbrauchen? Oder wäre für einen so großen Propheten der Mensch mehr wert als das Symbol? Ich bin mir da ganz sicher, für Mohammed ist der Neumond eher ein Altmond und sicherlich schon abgeschrieben!

Abgeschrieben? Nein, habe ich nirgends nichts, und wenn ich nun für eine Stippvisite noch nicht auf die Wolke soll, schreibe ich eben über die Religion.

Das Thema hatte ich ja oben im Kapitel schon angestippt, dass der Mensch Wärme ums Herz braucht, „wenn's gut werden muss".

Ins „Bauhaus" geht's aber nicht, und über „gut", sprechen wir später noch. Warum bin ich irgendwie autorisiert, über Religionen zu sprechen? Kann's mir selbst nicht erklären.

Oder vielleicht doch? Im nächsten Kapitel erst mal eine Abhandlung als Skizze, ich zeichne die Religion mit dem Bild des Baumes.

KAPITEL 24

Andere Länder, andere Sitten und doch das Gleiche

Es ist schwierig, konkret zu sein, weil die Sprache schlichtweg ein Problem darstellt! Religiöser Sprachschatz und Wortgebrauch aus alter Sprache, welche stark mit Tätigkeiten umschreibt, führt schnell durch Übersetzen in moderne Sprache zu Missdeutung, im schlimmsten Fall sogar zu Fehlinterpretationen.

Als Metapher nehmen wir einen Baum, um einfach einmal den Islam darzustellen. Diesen habe ich ja bereits mit dem Propheten Mohammed mit dem Boot der Wolke in das Buch befördert, von daher gilt es den Zusammenhang mit Israel und diesen wieder mit dem Christentum aufzuzeigen.

Der Islam, eine Religion wie ein Baum!

Ob Gott oder Allah, unser aller Schöpfer stellt für uns das nötige Material und auch das Werkzeug zur Verfügung. Daher dürfen wir uns nicht täuschen lassen in der Möglichkeit von fehlerhaftem Material, denn das ist nicht das eigentliche Problem. Wir müssen uns nicht auf vermutete Verfälschungen von Schriften fokussieren, denn die Kraft Gottes lässt sich niemals verfälschen. Keine Angst also, in dieser Richtung unterliegen zu können. Die Schöpfungskraft Gottes ist so enorm, wie sollte er denn da nicht Möglichkeiten finden, uns das rechte Werkzeug und Material bereitzustellen? Wir dürfen die Kraft des lebendigen Gottes niemals infrage stellen.

Wenn wir also beim Baum bleiben, der auf dem festen Grund auf Allah steht, sind dementsprechend auch die Wurzeln völlig gesund, wie gesagt, dafür sorgt Gott. Diese Wurzel also wäre bereits der Koran! Alles, was durch die Wurzel in den Stamm einfließt, das ist der Geist Gottes, das lebendige Wort durch den Propheten Mohammed dargelegt!

Mohammed also ist das Weitergeben des Wortes im Irdischen, die Verkörperung der Mitteilung. Mohammad sagt selbst: *„Wahrlich, die Religion bei Allah ist der Islam“*, also können wir den Islam auch leicht definieren, und zwar als fester Stamm des Baumes. Die Ausprägung und Fortführung eben von Gottes Willen. Darüber hinaus sind es also dann die Gläubigen selbst, welche aus dem Islam sprießen und vom Koran zehren.

Nun halten wir fest, die völlig gesunden Wurzeln bedeuten die Schrift! Durch diese fließt der Sinn, die „Software“, das heißt die Information, als eine gesunde Lehre Allahs, durch Logarithmen ein, bis in jedes Blatt des Baumes. Logarithmen sind immer nur positive Werte, und ja, die „Blätter“, welche nun logischerweise die „Gläubigen“ bedeuten, nehmen daher das Wort Gottes direkt auf. Wir Menschen, um die es Gott selbstredend nur geht, bilden in ihrer Gesamtheit die Religion ab. Also stellen die wahren Gläubigen das Abbild des geistigen Islams dar, sie verkörperlichen die Religion eben als die Körperschaft des vermittelten Geistes.

Islam übersetzt meint wirklich „nur“ Unterwerfung, Gottergebenheit, also völlige Hingabe an Allah.

Das ist genau Iman! Das ist Glauben, eben der feste Stamm dieser verkörperten Religion.

Wenn ein Muslim versucht sein gesamtes Leben im Einklang mit der Religion des Islam szu leben, benutzt er die Religion als Richtschnur und Regelwerk mit oberster Priorität. Dieses Versuchen, den Islam zu leben, ist nur der körperliche Aspekt. Es gilt im Geistigen aber eben nicht, dem Stamm des Baumes zu dienen, denn die oberste Priorität ist Gott!

Hier poppt nun das Problem auf, dass der Baum ein sehr stolzer Baum ist, der sich gegen den Wind wehrt und auch gegen den Schnitter!

Sollte er aber lange viel Ertrag bringen müssen, bräuchte es den Schnitter. Den Schnitt am Geiste, ich nenne es am Herzen, im Gegensatz zu dem Schnitt am Fleisch einer religiösen Beschneidung.

Das ist ein Unterschied, und zwar genau auf der Ebene zwischen geistig und körperlich, denn wir sind Geisteswesen in einen Körper eingebunden. Die Religionen aber verkörperlichen, und Frömmigkeit alleine ist nicht geistig, weil das Körperliche sich immer wieder über das Geistige erhebt. Gott möchte jedoch, dass unser Geist über den Körper herrscht und nicht umgekehrt. Wenn Seligkeit den Ton angibt, laufen wir aus dem Ruder. Der gesetzliche Anspruch der Überführung ist zu erkennen, weil wir täglich erleben, dass wir diese Priorität niemals wirklich schaffen. Es gibt ja auch keinen Jahreswechsel, der mit dem Fall der Blätter alles abschließen würde und mit einem Neubeginn, mit Erneuerung startet!

Nein, die Wurzeln sind auf Gottes Grund fixiert, versorgen uns fließend mit dem Geist Gottes, genügend! Fließend zeigt hier auf, dass es das göttliche Angebot von Einfluss meint, und der ist gut, genauso wie er ist. Von Allah gewünscht ist also kein Zwang, das dürfen wir festhalten und dafür müssen wir kämpfen.

Als bibeltreuer Christ sehe ich den Unterschied zwischen Gottes allgemeinem Willen und einem persönlichen Willen, welcher jeden für sich selbst betrifft, aber auch den Unterschied beider Aspekte zu Gottes Wünschen. Der Geist Gottes trägt diese Aussage, es gibt keinen Zwang, unser Wille ist frei! „Mohammed“ als Sinnbild der Wurzel des Baumes, welcher der Iman ist, gilt es daher zu verteidigen.

Das ist kein Widerspruch, denn der Saft, der aus Gott selbst, vom Geistigen in Substanzielles wandelt, ist die Liebe, die Wahrheit, und voranzustellen völlige Gerechtigkeit. Das geistige Abbild der Gläubigen aber, jene, die sich ihrem Schöpfer hingegeben haben und fest anhaften, das ist die Lebendigkeit der Blätter.

Wir müssen wissen, dass die Blätter nur nehmen können, es fließt nichts zurück in den Stamm, in den Islam, die Blätter verstoffwechseln nur, wenn sie gesund bleiben und sich nicht befallen lassen von Schädlingen. Diese Blätter also, die Gläubigen als Kinder Gottes, dienen nach außen in die Welt, wenn wir nach des Schöpfers Ratschluss wirken.

Nicht körperlich kämpfen meint, im Sinne von Meinungen und Empfindlichkeit eben nicht stolz zu reflektieren. Andersdenkende als Angriff auf den eigenen Glauben zu werten ist also falsch!

Gottes Wunsch ist, dass wir vollkommen glauben, uns anvertrauen, den Saft aufnehmen, unsere Gefäße offen halten. Mehr können wir nicht tun, und mehr sollen wir auch nicht tun.

Der Dunst der wahrhaft Gläubigen, kaum wahrnehmbar, summiert sich aber und bewirkt Gesundung des gesamten Luftraumes.

Das ist, was Gott macht, das, was er „gesetzt" hat.

Nicht dass die Blätter meinen, sie müssten zur Erneuerung beitragen, denn das kann nur des Blattes Tod. Erst durch den Zerfall von Totem kann Neues entstehen, aber Gott sei Dank leben wir noch! Klar, Erneuerung ist uns prophezeit durch den Koran, wie durch die Bibel, also bereits lange vor dem Koran als Offenbarung, eben auf anderer, älterer Matrix dargestellt.

Fest steht, dass der Inhalt, richtig verstanden, so ziemlich gleich ist, nur sprachlich und semantisch sehr unterschieden und strukturell immer auch wandelbar durch Zeit und Raum.

Deshalb gilt hier wie dort und anderswo, Gott gibt die nötige Nahrung, zwingt aber wirklich nur unter ganz bestimmten Umständen zum Essen.

Deshalb muss unsere Erkenntnis sein, dass Blätter, welche laut im Wind rasseln, nicht in sich ruhen, zwar stark und robust wirken und doch von unsichtbarem Pilz befallen sein können. Je weiter fortgeschritten in der Reife, je härter in der Haptik, desto näher am Tod. Das grüne, zarte Blatt, das ist das Leben und die Liebe, und nur das atmet auch Gottes Atem aus.

Essenziell ist, den Kampfplatz der eigenen Seele genau zu kennen, zu lernen, immer wieder körperlich von geistig unterscheiden zu können. Dies gilt für alle Menschen, gleich welcher Religionszugehörigkeit. Aber hier genau auf unserer eigenen Seele muss Segregation wirksam werden, es darf nichts dort liegen bleiben, also ständig reinigen, kehren, das meint Bekehrung. Von innen zuerst, dann vielleicht vom sicheren Ast aus, ein wenig nach außen. Auch und im Besonderen die fehlende Unterscheidung des wirklichen Sinns von Doktrin und deren Umsetzung wie bspw. Speiseregel, Beschneidung, Kopftuch und oder Burka birgt eine gefährliche Vermischung zwischen körperlich und geistig. Die körperliche Sittsamkeit hat mit der geistigen Kopfbedeckung nichts zu tun, das sind zwei getrennte Aspekte.

Warum nun im geistigen Aspekt eben der Mann beim Gebet keine Takke tragen sollte, aber im zweiten Aspekt des Körperlichen dieses getan wird? Weil er der geistigen Welt dadurch anzeigt, sich nur direkt Gott zu unterstellen. Die Frau hingegen untersteht im geistigen Sinn ihrem Mann, was wiederum ihre Kopfbedeckung anzeigt, sie sollte also, wenn sie betet, Kopfbedeckung tragen. Symbolik „nur“ für die geistige Welt.

Das Zweite aber bloß, weil die „Sunna“, die Gesetzesregel, will heißen die Gesetzlichkeit, das fordert.

Die Sunna des Propheten ist nicht der Koran, auch kein Nebenstamm oder tragender Ast des Baumes, der den Islam darstellt. Diese Schrift als Quelle des islamischen Rechts ist aber eben für Muslime eine persönliche Instanz, entsprechend des Gesetzes für Israel, ohne zu erkennen, dass nur Israel körperlich ist. Hier wird der Widerspruch einem geistigen Leben für Allah entgegen deutlich. Gesetzlichkeit führte Israel ins Verderben, obgleich Israel eine irdische Verheißung hatte. Mohammed sah die falsche Gesetzlichkeit Israels nicht, denn fünfhundert Jahre zuvor war diese durch die Römer beendet, jede Opfermöglichkeit von Gott gewollt abgeschafft worden! Alle irdischen Verheißungen galten ohnehin nie über Israel hinaus. Dennoch ist es derselbe Gott, er fordert unseren Geist auf, über alles Irdische in uns zu regieren.

Gott zeigt klar, dass das Gesetz nur der Überführung dienlich ist, niemals der Heiligung.

Heilig kommt im Koran auch in verschieden Sprachformen vor, wird aber leider falsch interpretiert. Wenn dort z. B. vom Schwein als heilig geschrieben steht, trägt das genau die Bedeutung des Abgesonderten, abgesondert eben aus der Menge der reinlichen Tiere. Heiligung auf den Menschen bezogen, meint abgesondert von der Sünde, hin zu Gott, reserviert für Gott. „*Heilig ist Allah*“ meint, dass Gott keine Gemeinschaft mit Schuld hat, also erhaben darüber ist, ohne dass irgendein Unrecht Zugang zu ihm hätte.

Es geht eben darum, aufzuzeigen, dass Gott keine weitere körperliche Religion stützt, er hat bewusst nur Jakob geheiligt, als Segen für die Nationen, und das meint natürlich alle Menschen. Israel sollte durch seine Körperlichkeit das Opfer für alle Nationen hervorbringen. Auch und besonders für das Brudervolk „Ismael“. Hier darf eben kein Bruderkampf um Körperliches einmal mehr Gott entehren. Wenn nun also die Sunna zu Heiligung führen würde, dann wäre jener Zweig der Muslime, welcher die Gesetzlichkeit versteht und fordert, sehr schwer lastend am Stamm.

Islam ist, wenn geistig verstanden, von Allah gewollt, aber nicht wie in Israel wie ein Staatskörper.

Wohin das führt, sieht man heute sehr gut bei den dicken, breiten Auswüchsen, welche die islamische Staatlichkeit und/oder andere Gesetzesreligionen mit Gewalt betreiben. Es ist schade, wenn der Stamm des Baumes in diese Richtung missbraucht und dadurch verbraucht wird. Mohammed selbst würde dagegen kämpfen, wenn er sähe, wie im Iran die Mädchen der Bildung geheiligt werden, um nur einen Aspekt ans Licht zu bringen.

Eine Religion politisch zu vermischen ist schon schlecht genug, aber Frömmigkeit missbräuchlich mit dem Gesetz zu untermauern nimmt dem Baum die Wurzel. Langsam und nagend wandelt sich Liebe und Gerechtigkeit in Unrecht und Hass. Dazu dient die Schrift nicht, ein Gesetz, welches zum Schutz innerhalb jedes einzelnen Gläubigen Argumente gegen die Körperlichkeit liefern soll, laut auf das Äußere einer Staatlichkeit zu übertragen und dabei die Wurzeln zu verraten, ohne es zu merken.

Dieses Thema aber ist leidig, es macht auch keinen Sinn zu denken, daran etwas ändern zu wollen, wir Menschen müssen und können nichts verbessern. Verbesserung muss von innen vom Heiligen Geist in jedem Gläubigen selbst wirken, das Blatt muss glänzen im Geiste und nicht stolz im Körper.

Auch hier gilt wieder Gottes Wort: *„Schaut weg von allem Anderen, schaut nur auf mich alleine."*

Lasst uns also nur das Gute im Auge behalten und unserem Schöpfer seine Ehre geben, mit Verstand und Fingerspitzengefühl, Allahu Akbar, Amen.

Wenn Gott eingreifen will, wenn seine Zeit da ist, wie gesagt, ohne Zeitdruck auf seiner Seite, mit Zeit aber ohne Druck in uns selbst, dann dampft er mit Hochdruck alle Religionen aus unserer Welt und heiligt die Religiosität allein für sich, Ehre sei Gott in der Höhe. Halleluja!

KAPITEL 25

Emotionsimpulse, oder Innerung erzwingt Äußerung

Endlich, weil ja alles endlich ist, springen wir schnell, eilen zurück zum Anbeginn, zurück zum allerersten Feiertag der Welt. Wir lassen uns fallen und landen im Paradies. Aber Achtung, nicht zwischen Adam und Eva, denn die beiden sind eins, da darf nichts dazwischen, das aber, wie zwei gleichzeitig eins sein können, zeigt das Buch noch auf, klar und punktgenau, mit dem Aspekt der Gerechtigkeit, wie sollte es auch anders sein.

Aber ich erinnere, Gerechtigkeit ist nur vor dem Gesetz ein Aspekt, gerecht zu sein ist ein Prädikat, doch nur im Lichte Gottes ist Gerechtigkeit vollkommen.

Wagen wir uns nun in die direkte Nähe Gottes, denn der Schöpfer wandelt selbst noch im Paradies. Wie er sich selbst aus seiner vollumfänglichen Gottheit heraus reduziert und warum er dann, als ein Aspekt seiner Herrlichkeit, für den Menschen immer noch unerreichbar bleibt und dennoch den Menschen erscheint, wird spannend!

Hundertachtzig Grad, was soll ich machen, reißt es gerade wieder herum in die völlig entgegengesetzte Richtung meines Textes. Es ist eben ein Fließtext, der die Flussrichtung selbst bestimmt.

Ich nahm den „*TeGeVe*", den schnellsten Zug, welcher mit atemberaubenden 574,8 Kilometer pro Stunde verspricht, völlig entspannt anzukommen, um ins ehemalige „*Vier*stromland" zu gelangen. Aber so wie das mit Verbrechern, nein, Versprechen ist, oft halten sie sich nicht. Wie sollte es mir denn dann besser ergehen? Mit meinem „Deschawü" also, dem schnellsten Nachtzug der Welt, zische ich durch die Nacht. Mit geht es aber wie dem „*Ratzt-nimmer*", ich kann nicht schlafen. Wenn man nicht zur Ruhe kommt, nachts, dann sagen wir: „kein Auge zubekommen"!

Obwohl das gar nicht stimmt, was sagen wir dann erst am Tag? Ich weiß es nicht und frage Frau Merkel, wie sie es nennt, wenn sie den ganzen Tag kein Auge zubekommt und dennoch schläft?

Aber um mich zu beruhigen, habe ich gegoogelt, der super Zug hat ja sogar Internet, und das bei der Geschwindigkeit. Er fährt jeder Info davon, irgendwie cool, wenn die Infos entgegengesetzt einschlagen, das kann kein normal gesunder Mensch so schnell verdauen. Ich habe also, weil's mich umtrieb, nach Déjà-vu gegoogelt, wegen meiner Sorge, ob so schnell noch gut ist, und lese: „Ein Déjà-vu tritt beim gesunden Menschen vereinzelt spontan auf." Oh super, nun bin ich beruhigt, wenn es bei mir sogar so oft auftritt, dann bin ich mehr als gesund, ein Topzustand muss das sein, fast high, könnte man meinen. Nun, das Reinblitzen in mich, mit diesen 574,8 km gegen den Mainstream, ist phänomenal, irgendjemand hat mal „fantastisch unwahrscheinlich" zu so was gesagt. Ich komme nicht auf den Menschen, oder war's nur ein Vulkanier? Schuld ist nur der Reich'i selbst, er macht das nicht absichtlich, er ist auch ein Gejagter. Seit es nicht mehr *hella* wurde, ich meine, seit die Latzhose sich unsinnig aus dem Overall in die Dunkelheit zerriss, muss der Ranicki dringend. Sehr dringend sogar, ihm pressiert's, das will bei Herrn Marcel Reich-Ranicki was heißen, er wirkt ja schon ohne Pressur ständig verpresst.

Okay, es muss ins Buch JETZT, sonst zerreißt er frei nach Einstein mein Buch, noch ehe es existiert!

Es muss jetzt erklärt werden, er meint, er könne das, er hätte ja einen zerreißenden Hintergrund, erbtechnisch, sagt er. Er will aufklären; warum der Hella-Overall von der swingenden Dame zerrissen wurde, wisse er nur zu gut.

Ich aber, ***ha***, ich wusste das schon, bevor sie es tat! Albert freut sich, seine Zeit-Relations-Theorie bestätigt zu wissen.

Es ist eben so, erklärt Marcel, diesmal überhaupt nicht mit reißerischem Unterton, dass die jüdischen Priester damals auch Recht herstellen mussten! Langsam ausgedehnt, fast mit absackender Stimme erklärt er, was das Recht in Israel damals mit unserer heutigen Situation zu tun hat.

Da bin ich nun überhaupt kein guter Zuhörer, so flache Schallwellen kann mein auf Zack und Ruck justierter Transmitter nicht mitteln. Ich übernehme einfach, falle ihm ins Wort, ungern, gezwungenermaßen halt. Aber Zwang stimmt ja nicht, in dem Zusammenhang ist Zwang überhaupt nicht existent, es meint Sucht!

Wie war das nun mit dem Zerreißen der Kleidung in Israel? Herr Ranicki, der jüdische Teil vom Reich findet sonst keine Ruhe, ich muss genau aufklären. Es war ungefähr so, Gottes irdisches Volk, ihr wisst schon, diente dem Gesetz. Die Leute damals, ja auch damals gab's „Verquerte", die mussten überführt werden. Das Gesetz hatte sich mit zunehmender Geschwindigkeit verselbstständigt. Heute noch ist das so, trifft nur wie von Sinnen, sorry, unsinnig trifft's unsere heutige Legislative. Damals aber, da gab es keinen Spielraum in der Auslegung, das Gesetz diente ja zum Überführen und nicht wie heute zum Ausführen. So höflich waren die damals nicht am Hof, dem Obersten. Ja, der Sanhedrin, alles Männer, aus heutiger Sicht schon ein Grund, dass es nichts werden konnte, Recht ohne Grundlage?

Die Gleichberechtigung der Geschlechter ist doch ein universelles Menschenrecht, oder? Wussten die das etwa nicht? Wo sie doch noch so dicht dran waren an Gott, ihrem Jahwe direkt dienten, unmittelbar in seinem Auftrag, vertraglich sogar, die exekutive Gewalt mussten tun. Wie schwer wird ihnen das gefallen sein, wo diese doch noch so fromm waren, in ihren majestätischen Priesterordnungen, und die Judikative, wie die sie hin und her geworfen haben muss, da geht's mir ja paradiesisch mit meinem Vorrecht im Hier und Jetzt.

Also die obersten priesterlichen Richter in ihrer königlichen Säulenhalle, die konnten schon verzweifeln an ihren Aufgaben, darum feilten sie ja auch ständig, legislativ! Sie wollten damals, wie wir heute auch, natürlich verbessern, sie fügten hinzu und fügten hinzu, gaben Gesetz um Gesetz mehr Würde, bauten Puffer um ihr vermeintliches Recht für Übertreter, genau den Spielraum, den sie selbst exerzierten. Dieser geistig-körperliche Übersprung ihrer Ahnen, also ihr Erahnen, dass sächlich kein Neutrum sein kann, löste damals schon Zwangshandlungen aus. Was blieb ihnen denn übrig, den sittsam Verzwungenen, wie konnten die sonst gegen ihre Bürde rebellieren, als mit dem Zerreißen ihrer Kleider? Richterrobe und Priestergewand in einem, ja die waren effektiv zwei Fliegen mit einer Klappe. Faszinierend täte Mr Spock jüdisch-spitz kommentiert haben: *„Hä*, gab's in Israel überhaupt Vulkane?" Das fragen wir die Philister, wenn wir vom Zwei-mal-zwei-Strom-Gebiet vertrieben werden, das Paradies aus Scham verlassen.

Ich notiere auf meinem Smartphone: *„In Palästina nach Philistern suchen"* und schaue dabei in den Nachthimmel. Die leuchtende Mondsichel erinnert mich unmittelbar an den Islam. Ich überlege, warum Mohammed beim Entrümpeln genau den göttlich anmutenden Mond für seine Religion übrig ließ und gestiftet hat, ob er den vielleicht stiften musste. Aber wer zum Teufel sollte so einen großen Propheten überhaupt zwingen können? Ich simuliere; nun doch müde von den Zeitsprüngen, schlafe ich ein. Im Traum sehe ich *„Heinz"* an meinem Bett stehen, er singt: *„Haaleeluu, nur der Mann im Mond schaut zu, wenn die kleinen Babys schlafen."* Ich bin hellwach, wie ein Blitz schießt mit die Antwort ein, was ein Rühm der Mann, danke, jetzt weiß ich es, das Jahrtausendrätsel. Mohammed wollte seinen Kindern im Geiste Beruhigung schenken. Er übermittelt ja das Aufregendste, was es gibt, das Göttliche.

Allahu Akbar, da fallen aber alle auf den Boden der Tatsachen und murmeln, so viele Murmeln, war Glas überhaupt schon erfunden? „Albert fragen", notiere ich in mein Smartphone, ob es damals schon eine Glasformel gab, im Jahre 610? Mohammed jedenfalls wusste von der beruhigenden Wirkung, wusste, wie man Babys sanfte geistige Nahrung gibt! Hallelu, erst so nach und nach werden die Suren dicker, irgendwie passt das zu Allah, ich meine, zu aller Theorie.

Draußen, östlich von meinem „Deschawü" wird es schon hell, ich denke wieder an das Paradies, muss aber erst den Übersprung erledigt bekommen, für die Ruhe vom Reich'i, ad acta legen, dass mal der Ranicki zerrissen werden kann, endlich Ruhe findet. „Lebt lang und in Frieden", sendet es aus dem All.

Nicht nur in Jerusalem auf dem scheinbar unwirklichen Tempelberg in der Säulenhalle haben die Pharisäer ihren Frust so gemeistert, auch in den umliegenden Brüdergemeinden gab es Druck, kennen wir doch auch von unserem Religionszwang. Nein, auch bei den Sadduzäern, Essenern und Zeloten gab's Kaoten, ups, Freud mich irgendwie, diese Verschreiber. Ja, die Juden, die waren 101-prozentig, haben alles aufgeschrieben, penibel genau Punkt um Komma, alles, jeder wusste, wo er hergekomma war. Allerdings nur bis 70, danach war von den Römern alles zerrissen. Die begnügten sich nicht mit Klamotten, hatten ja schon ihre Panzerung, machten alles platt, natürlich nicht so platt, wie heute ein Erdbeben es schafft. Aber auch Römer fanden punktuell ihre sphärische Sühne in Pompeji.

Natürlich die Pharisäer in ihrem Pomp, ihrem übertriebenen Prunk. Mit großem Aufwand und prachtvoller Ausstattung des Tempels, klar hatten die Zwangsvorstellungen, verstanden überhaupt nicht, was Gott wirklich wollte. Massenhysterie war damals schon ein Narrativ, sonst hätten die Jesus sicher nicht verraten und diese Römer für deren Gewohnheiten mit Kleinkram belästigt.

Ja massenhysterisch zerrissen sie ihre Kleider, wenn sie das Recht gefährdet sahen oder genauer gesagt, wenn sie entgegen dem Recht die anderen Verbrecher nicht verbiegen konnten. Reißzwang, könnte man meinen, aber nein, es ist ja nur eine Sucht!

Ich notiere, während ich in Mesopotamien aussteige, in mein Handy: „*Dem Marcel einen Termin mit Freud'ä ermöglichen*", das erfreut, wieder zwei, drei, nein, sogar vier Fliegen mit einer Klappe ... höre ich ihn im Kopf, ziehend.

KAPITEL 26

Wahrheit oder Meinung?

Lassen sich Meinungen überhaupt vernunftbezogen verifizieren?

Im Gegenteil, denn prüfen und beurteilen kann der Mensch wohl nur aus einem begrenzten Blickwinkel!

Daher überlagert auch Meinung jegliche Vernunft! Wir haben eine Brille unserer Meinung auf und argumentieren daher immer für unsere Ansicht. Genau das ist der falsche Weg, denn wir müssen in der Wahrheit bleiben, wir dürfen nicht urteilen, weil wir nicht beurteilen können. Was nützt uns Wut, wenn dieses Gefühl zu Frust umschlägt bei äußerer Hemmung. Keine Ersatzhandlung und keine Verdrängung bewirkt Wahrheit. Entgegenkommen ist nicht erzwingbar, egal wie viele Klamotten wir zerreißen würden.

Ich hoffe ja nicht, dass so mancher Leser meines Buches seine Lesebrille verknüllt, anstatt das Buch sanft zur Seite zu legen, wenn es ihm zu viel wird.

„Vernunft" ist leider punktuell und nur statisch an die Wahrheit geknotet, sie lässt sich, wenn der Verstand unter den Druck des Mainstreams und des Weiterfließens der Kausalitäten gerät, nicht mehr wirklich als vernünftig festhalten.

Geschehnisse sind natürlich nie statisch, und daher kommt es leicht zu Fehleinschätzung von Sachlagen, welche quasi zwingend erscheinen und nach einer gewissen Verselbstständigung kaum mehr ein Umdenken zulassen. Mit Vollgas an die Wand in guter Gesellschaft, weil ja keiner aus der Reihe bremsen möchte.

Hier ein konkretes Beispiel unter Bezug der *heiklen* Thematik „Corona". Als wir in Deutschland nach einem Jahr „Pandemie" hunderttausend Todesfälle, *mit oder durch* dieses Virus, als verstorben verzeichnen mussten, zeigt uns die Statistik, dass davon über sechzigtausend der Toten bereits mehr als achtzig Jahre gelebt hatten. Vernünftig, wenn es so etwas gäbe wie allgemeingültige Vernunft, würden wir das durchschnittliche Sterbealter in Deutschland der letzten Jahre beobachtet haben, um festzustellen, dass dieses eben auch ohne Corona höchstens achtzig Jahre beziffert. Unvernünftig ist also vor diesem Hintergrund, noch weitaus ältere Menschen intensivmedizinisch zu behandeln, und beruht nur auf „unserem" wissenschaftlichen Erfolgsdenken, um jeden Preis Menschenleben zu verlängern oder das Ableben weiter hinauszuschieben. Koste es, was es wolle, „verlangte" der Mainstream. Bitte verzeiht, liebes Publikum, es geht nicht um Einzelfälle, die selbstverständlich alle, wie oben aufgezeigt, jeder für sich, punktuell zu beurteilen sind. Es darf niemandem ad acta das Weiterleben abgesprochen werden, nur weil das durchschnittliche Sterbealter weit überschritten ist. Natürlich nicht, aber umgekehrt kann doch auch nicht ein jeder pro forma der intensivmedizinischen Behandlung zugeführt werden.

Zudem fällt in dem Bezug die Gerechtigkeit völlig durch das Raster, wenn im gleichen Zeitraum weitaus mehr Kinder an Hunger sterben müssen, Vorrecht hin oder her!

Der Zweck heiligt eben nicht die Mittel. Nicht um jeden Preis, denn das führt schnell zu Unwürdigkeit auf vielen Ebenen. Die betroffene Person selbst, die Angehörigen und nicht zuletzt die medizinischen Mitarbeiter, aber auch die gesamte Gesellschaft empfinden durch die Fehleinschätzung Hilflosigkeit und erleiden Traumata. Gott verzeiht uns alles, jede Sünde, doch wir, und zwar jeder Einzelne für sich, müssen unsere Sünden erkennen, bereuen und Buße tun!

Nicht ein Mainstream wird in die Wahrheit führen, das Gegenteil ist der Fall, denn der Mainstream der Welt ist eben genau das, was uns, „den Einzelnen", von der Wahrheit abhält. Wir sind eine Kreditgesellschaft, dies zeigt sich gerade auch in unserem Umgang mit den Problemen der Umwelt und der Ressourcen. Offen bleibt daher die Frage: Was wird der Mainstream befeuern, wenn die Rechnungen eingefordert werden?

Wenn ich nun das heikle Thema Corona hier im Kapitel einbezogen habe, um unsere menschliche Sicht von Recht zu relativieren, wage ich auch noch, das Heikelste aller Themen an dieser Stelle auszurollen. Der Wirklichkeit des Mainstreams im Wandel der Generationen zum Trotz rolle ich dann diesen subjektiven Selbstläufer von Eigenverwirklichung mit Rechtsanspruch wieder ein, zusammen mit der Objektivität von Verantwortung.

Die Sintflut und der Regenbogen, oder warum Menschen Schaden nehmen, indem wir Gottes Urheberrecht verletzen!

Den Zusammenhang hatte ich bereits angezeigt mit dem Schluss, dass wir vor Gott keinen Rechtsanspruch geltend machen können, uns zu verwirklichen, schon gar nicht, wenn unser Anspruch Rechte verletzt.

Das Urheberrecht generell tritt unmittelbar mit Erstellung eines Werkes in seine Gültigkeit. Es bedarf keines konstitutiven Aktes wie z. B. bei einer Patenterteilung. Als einzige Voraussetzung für das Entstehen von Urheberrecht gilt das Vorliegen bzw. die Vollendung eines Werkes. Das Werk ist der zentrale Punkt des Urheberrechtes und setzt voraus, dass es aus einer geistigen Tätigkeit seines Schöpfers hervorgegangen ist und somit gezielt geistigen Inhalt und Formgebung trägt.

Wie die Einführung darlegt, müssen wir uns also säkular Urheberrechtsverletzung ankreiden, wenn wir heute das Symbol des Regenbogens missbräuchlich verwenden. Das Symbol und die Vielfarbigkeit des Regenbogens belegt unsere Welt heute mit der Aussage, dass göttliche Liebe eine gewollte Artenvielfalt derselben mit allen Erscheinungsformen einschließt und unterstützt.

Gott aber vermittelt mit dem Symbol des Regenbogens einzig seinen Bundesschluss mit uns Menschen, welcher lautet, dass die „Welt" nie wieder einem weltweiten Flut-Ereignis unterstellt werden soll. Der Regenbogen soll uns das Geschehen in Erinnerung bringen, wo immer wir ihn sehen, und selbstredend damit auch den Grund der Katastrophe erneut vor Augen führen. Wenn wir dem Beachtung schenken, dient es unserem eigenen Schutz, um uns selbst fortan vor übertriebenem und fehlgeleitetem Sexualempfinden zu bewahren.

In dem Zusammenhang wird deutlich, dass der Mensch heute Gottes Symbol, den „Regenbogen", nicht alleine nur zweckentfremdet verwendet, sondern sogar des Schöpfers Gedankengut, also den geistigen Inhalt seines Werkes, komplett auf den Kopf stellt.

Wenn wir den Begriff „Liebe" jeder möglichen und unmöglichen Vielfalt unserer sexuellen Körperlichkeit unterordnen, drehen wir damit das Werk, dementsprechend den geistigen Inhalt um, offerieren „sündiges" Tun und führen so den geistigen Sinn des Schöpfers ad absurdum. Wir verifizieren mit dem Symbol des Regenbogens nun genau diese „fatale" Entwicklung als von Gott gewollt und stellen darüber hinaus jede intime Körperlichkeit in die Debatte der Öffentlichkeit.

Gott zu unterlaufen ist schwerwiegend, wie das Ausufern der Problematik im Mainstream selbst beweist! Die zusammenhängende und tiefgreifende Thematik Vertrauen und Glauben sowie Liebe und Sexualität vertragen keinen leichtfertigen Umgang. Genau hier ist in Bezug auf Heranwachsende, also unsere „Schutzbefohlene", besondere Sensibilität gefordert. Darauf komme ich später noch mal zurück und führe Beweis!

Das wir, nicht nur aufgrund von „guten Sitten", innerhalb der Familie zueinander eine völlig entsexualisierte Beziehung pflegen, ist doch natürliche Selbstverständlichkeit. In den Beziehungen zu unseren Kindern, also einer Beziehung, die selbstredend von Liebe geprägt sein muss, darf Sexualität keine Rolle spielen. Das gilt auch für das Verhältnis der Geschwister untereinander und umgekehrt auch zu den Eltern.

Um wie viel mehr setzen wir aber unsere Schutzbefohlenen zunehmend der Irritation aus, wenn wir Sexualisierung durch die Sprache betonen und zudem ein öffentlich sichtbares Ausleben von jedmöglichem und unterschiedlichstem Geschlechtertypus propagieren, Lautmalung zulassen und als rechtens unterstützen. Wir alle sind doch aus der „natürlichen Liebe" heraus unseren Angehörigen verpflichtet, diese Liebe gilt es zu pflegen, anstatt unser Augenmerk nach der verkehrten „Welt" auszurichten.

Der gewünschte Effekt, mehr Gleichberechtigung unter den Geschlechtern und vor dem Gesetz zu erreichen, verbirgt schreckliche Nebenwirkungen im Hinblick auf die gesunde Entwicklung unserer Heranwachsenden.

Durch Gewöhnung stumpfen wir ab, die ungesunde Entwicklung vor Augen wird nicht mehr erkannt, und zudem trainieren wir uns unbewusst dahin gehend.

Obwohl wir heute genau wissen, dass die Entwicklungsphasen von Kindern Zeiten der Formbarkeit durchlaufen, in welchen ein „Fenster" der Plastizität geöffnet ist und dadurch Reize von außen für bestimmte Zeit die natürliche Entwicklung stark beeinflussen, lassen wir immer lauter werdende Reize zu. Die Prägungsphase erlaubt im Besonderen eine „Trainierung" innerhalb der Persönlichkeitsentwicklung. Es ist mit Vorsicht verbunden, welche Entwicklungen wir fördern, weil dieses in der Prägungsphase entfaltete Konstrukt strukturell verfestigt kaum eine Korrektur mehr zulässt. Wie genau das funktioniert, zeige ich auch noch im Zuge dieser Abhandlung auf. Im Zeitalter der offenen sozialen Medien macht jegliche Aufbauschung „Klicks", schenkt also Unnützem Beachtung, verführt zum Extrem. Dingen, welchen wir uns überhaupt nicht widmen sollten, gewinnen Wichtigkeit. Schon kleinste Kinder erkennen, dass nur besonderes Rampenlicht erhascht, wer sich andersartig erweist und aus der langweiligen Masse hervortritt. Nicht nur durch das „Erleben" und „Erwarten" zwischen diesen zwei Reizen (Stimuli und Assoziation) geschieht klassische Konditionierung, welche uns trainiert ein „beliebiger" Spezialist werden zu können, sondern im Besonderen auch unsere Kognitionsfähigkeit bedingt eine entsprechende Entwicklung.

Wir wissen doch, unser menschliches individuelles „Wesen" ist ständig einer Sozialisation ausgesetzt, welche von verschiedensten Phänomenen tangiert wird, dazu zählt nicht zuletzt unsere religiös-weltanschauliche Einbettung.

Ambiversion prägt sich durch extroverse Reize, welche Introversion spiegeln. Wenn hier kein Gleichgewicht hergestellt werden kann, es also „ambivalent" wird, kann das Ergebnis einerseits eine starke Reaktion des limbischen Systems auf externe Reize hervorrufen, das heißt „neurotizistisch" wirken und sollte daher auch als krankhaft beschrieben werden dürfen. Andererseits ist Abstumpfung ebenso ungesund und muss desgleichen entsprechend bezeichnet werden.

Wenn wir also selbst eine Bühne bauen und das Leben auf der Bühne als Realität feiern, verliert unsere wirkliche Existenz die Bretter unter den Füßen. Die Gesellschaft fällt ins Bodenlose, wenn wir uns mit übertriebenem Idealismus und unsinnigem Aktivismus gegenseitig vorantreiben. Klimaaktivismus wäre ein weiteres Reizthema in jüngster Zeit.

Diese detaillierte Ausführung soll aber nur aufzeigen, dass viele Komponenten beteiligt sind, die unbewusst unsere Persönlichkeit ausprägen.

Dass unsere Entwicklung die vielfältigsten Möglichkeiten zulässt, ist selbstredend und von Gott gewollt, das zeige ich später genauer auf.

So wie jede banale Schneeflocke ihre individuelle Form ausprägt, je nach den Bedingungen der Eiskristalle, aus welchen sie sich zusammensetzt, um wie viel mehr hat doch Gottes Schöpfungskraft eine Individualität für uns Menschen vorgesehen.

Dass sich innerhalb von allen grundsätzlich möglichen Persönlichkeitsstrukturen auch eine hormonell gesteuerte sexuelle Ausrichtung entwickelt, ist doch wissenschaftlich unbestritten. Weibliche Hormone kennen wir unter dem Begriff der Östrogene und männlich prägende Hormone ordnen wir als Testosterone ein, und wir wissen, dass diese in „beiden" Geschlechtern wirksam sind. Diese Steroidhormone, sprich Botenstoffe, weil sie Informationen zwischen Geweben vermitteln, sind natürlich vorkommende Stoffe. Sie werden zum einen durch die Nebennierenrinde entfaltet, wie z. B. Cortisol und Aldosteron, und zum anderen aber auch im Gehirn, im Hypothalamus und in der Hypophyse, gebildet. Schon scheinbar banale Informationen wie Kälte- oder Wärmereize werden umgesetzt und aktivieren Hormone, welche unsere „endokrinen" Drüsen wie die Schilddrüse stimulieren. Über die Blutbahn werden also „chemisch" jede Menge Informationen ausgesendet, die dann auf zellulärer und/oder organischer Ebene Veränderungen bewirken. Lebenswichtige Vorgänge im Körper sind hormonell gesteuert, diese Botenstoffe regeln unter anderem auch den Energie- und Wasserhaushalt, das Wachstum und die Fortpflanzung. Funktion und Zusammenspiel der Hormone müssen feinstens aufeinander abgestimmt wirken. Als „Antreiber“ bzw. Impulsgeber für den Körper stellen die Hormone ein endokrines System dar. Endokrin bedeutet „nach innen absondern“, dies geschieht permanent über verschiedene Hormondrüsen als Regelung für ein Gleichgewicht der Körperfunktionen, eben um ständige Veränderungen auszugleichen. Wenn diese oder auch Steuerungszentren versagen, keine oder falsche Mengen von Signalstoffen ausgeschüttet werden, wirkt sich das auf den gesamten Körper und auf unser Wohlbefinden aus. Schon kleinste Veränderungen der Hormonkonzentration können große Auswirkungen haben. Sichtbar wird dies zum Beispiel an unserer Stimmung, unserem Stoffwechsel oder auch an unseren zwischenmenschlichen Beziehungen.

Wir wissen ganz genau, wie leicht durch verschiedenste äußere Einflüsse, wie z. B. Krankheiten, unser physisches und psychisches Gleichgewicht zu stören ist und dadurch Fehlentwicklungen definiert werden.

Im Zusammenhang mit dem *„Regenbogen“* muss daher genannt sein, dass wir Menschen heute vermehrt hormonellen Einflüssen von außen ausgesetzt sind, die logischerweise im inneren System falsch interpretiert werden. Ohne Oxytocin z. B., welches als Gefühlshormon wirkt, ist nicht nur eine Mutter-Kind-Bindung gestört, sondern als „Bindungshormon“ ermöglicht es nicht zuletzt eine gesunde Paarbeziehung. Auch darauf kommen wir noch zum Ende der Abhandlung zurück.

Androstendion als Steroid und Sexualhormon beeinflusst unseren Haushalt von Testosteron- oder eben Östrogenkonzentration im Blut und bewirkt in Richtung des entsprechenden Geschlechts nicht nur die körperlich sichtbaren Ausprägungen.

Der Zusammenhang mit dem Urheberrecht Gottes liegt auf der Hand, wenn wir beachten, dass Gott innerhalb seines Schöpfungsplans mit Sorgfalt und Vorsorge für das Wohlbefinden und die Gesunderhaltung der gesamten Schöpfung so feingliedrig und ineinandergreifend, wie wir erkennen können, diese Mechanismen eingesetzt hat. Nun durch das Verlassen der Grundsätzlichkeiten Gottes, also des Schutzes innerhalb seiner Gesetzmäßigkeiten, müssen wir erfahren, dass auch die Probleme ineinandergreifen und voneinander abhängig sind.

Zudem fallen wir wie gesagt der Verpflichtung, unsere Schutzbefohlenen gerade in der Zeit ihrer Prägungsphase zu schützen, in den Rücken, wenn wir diese sichtbaren Veränderungen gutheißen und sogar propagieren. Wir sollten geschützt sein, nicht Sklaven unserer Gefühlswelten zu werden, indem wir uns der Schöpfungsordnung unterstellen. Unser Schöpfer kennt doch alles, hat als Urheber seinen geistigen Sinn in sein Werk gelegt. Also tragen wir alle auch seinen geistigen Inhalt und die Form, welche es gilt zu behalten. Dieses also von Gott gegebene Format festzuhalten macht uns frei, unseren menschlichen Narrativen nicht zu unterliegen. Alle Fahnen, welche wir hochhalten, tragen symbolisch eine entsprechende Ideologie, und somit bleibt festzuhalten, dass unsere vielfältige Entwicklungsmöglichkeit von Gott gegeben ist, diese aber keiner Indoktrination unterliegen soll.

Nur dann wird sich die Einzigartigkeit jedes einzelnen Menschen auch in einem von Gott gesteckten Rahmen entwickeln können und zur gesunden Entfaltung kommen!

Gerade weil dieser Absatz belegt, dass sexuelle Entwicklungen sich besonders aus Vorgängen und Zusammenhängen im Gehirn konditionieren und parallel dazu die entsprechenden Botenstoffe überdies von außen wirken, ist es unverantwortlich, weil wir heute auch unsere Umwelt mit diesen Stoffen künstlich anreichern, aus dem Thema „gesunde Liebe“ eine Ideologie zu machen.

KAPITEL 27

Im Wahnsinn durch die Nacht, unauffällig durch den Tag

Ablüften ist angesagt, wir nehmen uns bitte eine Auszeit vom Hier und Jetzt!

Im Hintergrundrauschen der mit 574,8 Kilometer schnell vorbeigezogen Welt flimmert in mir Jesus auf, er steht frei in der Luft über dem Prätorium in Jerusalem. Pontius Pilatus ist im Zwang zu handeln, er fürchtet ein Zerreißen der römisch erzwungenen Ordnung in seinem Jerusalem, er befürchtet, weil er als großer Feldherr weitsichtig ist, sogar das Zerreißen der römischen Ordnung bis hin nach Rom. Daher nimmt er lieber das Zerreißen des Vorhangs im Tempel vor Ort in Kauf. Obwohl seine Frau warnt, meint er, im Wahn der Reichsmacht, das merkt die Welt nicht.

Ave Caesar, morituri te salutant, obwohl, das war doch erst zwanzig Jahre später, oder *Alberto Einsteino*?

Du weißt es ja genau, nicht nur relativ, denn es war einmal dein Weihnachtsgeschenk, dieses Italien, fabelhaft zwar, denn was hätte Pavia bei Mailand mit Rom zu tun?

Wo doch Rom unheimlich ist, ja wirklich unheimlich, selbst der Benedikt konnte *„vatikanus stuhlus"* nicht verdeutschen, erklären, meine ich, es geht ja gerade nicht um Rasse, sondern nur um Klasse.

Wieder wirrt es mich, Vaticanus war doch eine römische Gottheit und noch dazu eine eingebildete, was hätte die wieder mit dem Heiligen Stuhl zu schaffen, wie könnte ein toter Gott einen lebendigen Gott herausfordern, das wäre eine verzwickte Lösungssuche, die nun unseren smarten Großrechner, meinen Stephen auf der Wolke, etwas beschäftigen könnte.

Ja, der *Vati kann*, Vertrauen braucht's halt, obwohl das wäre gelogen, nein, oder hat der Vati doch auch Kinder, die schreien? Klar, den *Codex Vaticanus*, aber dieser kam erst dreihundert Jahre später auf die Welt.

Rom ist wirklich und doch unwirklich, ich habe viel recherchiert, die Frau auf dem Tier mit sieben Hörnern, hm, wolkenlos meist der Himmel über Rom, Gott sei Dank. Unwirkliches im wirklichen Rom in Italien, aber die Treppe spanisch?

So einiges könnte einem spanisch vorkommen, wenn uns Albert nicht so formelhaft helfen täte. Das alles geht mir noch durch die Gedanken, doch der Tag des Herrn macht mich alles vergessen, dieser erste Feiertag.

Die Zeit spielt eine Rolle in allem Lebendigen, aber nicht vergleichbar wie heute, damals zwischen den vier Flüssen im Paradies. Der Zusammenhang ist die Gerechtigkeit Gottes, herausgefordert durch den ersten Rechtsbruch im jungen Universum.

Wie die Schöpfung sich dann entwickelte, erzähle ich ungestört, „geheiligt" von Rahmenhandlungen, weil die ja vielleicht, wie man aus dem Wortlaut vermuten könnte, auch aus dem Rahmen handen.

Welche Rahmen aber könnten überhaupt gelten in einer Welt der Gottesdämmerung?

Kann die Globalisierung nicht nur Konflikte über ethnische oder religiöse Identitäten hervorrufen, sie könnte doch auch, so wäre die Hoffnung, Kräfte mobilisieren, die Konflikte zu überwinden.

Doch die Aussicht, dass sich kosmopolitische Regime der Zusammenarbeit im politischen, wirtschaftlichen und ökologischen Bereich unterstellen und die Feindschaft gegenüber dem kulturell anderen abgelöst wird, hat sich bis heute noch nie als wahrheitlich erwiesen. Wir alle sind weit weg von der durch Gott geforderten Liebe zum Mitmenschen, daher auch weit weg von einer wirksamen offenen und wahrhaft toleranten Einstellung.

Dieses ankert bei jedem Einzelnen innerhalb dem Vermischen von Körperlichem und Geistigem, weil wir hier eben nicht verstehen wollen oder nicht verstehen können zu trennen. Der Mechanismus „Segregation" von Geistigem und Seelischem ist gestört oder eben abgeschaltet.

Die Aussicht auf Pluralismus und Hochschätzung von kultureller Vielfalt erweist sich ja mehr denn je durch Aufrüstung und Krieg als Trug. Immer wieder zeigt sich, dass der Mensch den Fluch wählt und nicht den Segen.

Oder könnten sich etwa doch ein wahrer Glauben und die Erkenntnis von Gottes Ratschluss sowie das Wissen von seiner vollkommenen Gerechtigkeit durchsetzen und durch die Verflechtung dieses Sinnens mit der menschlichen Kultur und der Globalisierung langfristig als Geburtshelfer einer fortschrittlichen, humanen und kosmopolitischen Welt erweisen? Eine humanistische Weltanschauung ist leider nur geistig realistisch, denn sie steht körperlich jedem menschlichen individuellen Streben des Individuums entgegen. So wie auch die Zugehörigkeit zur Gemeinde Gottes nur dann lebendig ist, wenn unsere Körperlichkeit hinter den Geist zurücktritt beziehungsweise der gläubige Mensch bewusst geistig in Gott neu geboren seine physische Einzigartigkeit unter die Herrschaft Gottes stellt.

Wir sehen also, das Thema *Mensch* bis hierher ist ernst, dieser Adam. Schauen wir mal, wie es am Anfang war, an seinem ersten Tag, in der Zeit ohne Kultur, als er nur eine kurze Zeit alleine Mensch war!

KAPITEL 28

Lebenslänglich mit Freigang

Ganz spannend wird es jetzt, indem wir schauen, wohin wir uns bewegen, was Gott vom Menschen erwartet und warum der Mensch sich dann doch lieber seinem Paradiese erwehren wird.

Springen wir zurück zum Jahr eins der Schöpfung!

Hin zum Menschen alias Adam und zu seiner Weibin alias Eva, hören wir den Schöpfer rufen im Garten Eden. Lassen wir ihn, der es gut mit uns meint, zu Wort kommen, es kostet uns nicht viel, nur unser Zuhören, unsere Zeit. Doch ist das wirklich, unsere Zeit, wurde diese uns zugesichert? Haben wir unsere Zeit überhaupt in der Hand?

Bei Weitem nicht, es ist keinesfalls so. Der Teufel hat die Zeit gestohlen, sagt der Volksmund, aber dieser hat natürlich auch nicht immer recht. Es ist ganz anders, denn Adam, als erster Erdling, hatte ein Leben von Gott zu seiner Verfügung bekommen. Dieses geschenkte Leben war ihm und somit auch seiner Frau in Vollumfänglichkeit gegeben, Gott macht keine halben Geschenke. Den Ratschluss Gottes kennen wir, dieses Buch geht ja auch vielmals darauf ein, da gibt es eben kein Drumherum.

Wir bekamen die Info, was passierte, warum Gott wieder Trennung vollziehen musste, aber wir hatten es in der Hand. Adam hatte seinen Willen und sein Sinnen. Wir, die Menschen, erfahren dies alles durch Mose, bereits vor über 3600 Jahren, also bereits 1606 vor unserer Zeitrechnung ist es offenbar, dass Gott dem Erdling seinen Atem in die Nase hauchte. Dadurch wurde der Mensch eine *lebendige Seele*, meint, dass körperlich und geistig eine Einheit hergestellt wurde.

Der Mensch war also nicht nur als Geisteswesen unsterblich, sondern auch als körperliches Wesen, als Materie aus der Erde mit der Genetik der erneuerbaren Zellstrukturen. Es war ja noch alles sehr gut, es mussten noch keine Informationsketten beim Kopieren und Erneuern der Zellen abbrechen. Nur vollständig und fehlerfrei ist sehr gut, dies sollte auch heute noch unser Schulsystem so bewerten.

Das, was war im Anfang, und das, was ist, damals, erfahren wir übermittelt durch Mose, ein Mann Gottes, also wahrheitlich! Ich verfolge den roten Faden, der uns, vom Geist Gottes ausgelegt, durch die Schriften führt, und setze Punkte entlang dieser Linie, sodass die Kausalität bis hin in unser Heute, jene Abfolge der Gerechtigkeit dargestellt ist.

Unser Geist ist heute noch eingebunden in unseren Körper, unsterblich wie alles Geistige, daher auch unser Ich! Der Mensch ist geboren einmal zu sterben, bedeutet eben, dass der Körper das Gefäß unseres Seins, hier im Irdischen ist und bleibt, unser Dasein also bis zum Tod eingebunden verharrt.

Adam damals aber hätte nicht sterben müssen, er hätte alle Zeit der Welt gehabt. Sicher und gehabt, wenn denn nicht der freie Wille, das menschliche Ego, selbstredend die Allmacht über die eigene Körperlichkeit bedeuten würde. Von daher könnten wir gelernt haben, „dem Teufel schenken wir die Zeit“, er muss sie uns also niemals stehlen. Diesen Geist haben wir, bis heute können wir ihn nicht segregieren. Weil wir uns beide Augen, beide Ohren und ja auch noch die Nase zuhalten, nur so können wir weiterhin behaupten, es sei nicht so!

Im Paradies galten an sich die gleichen Naturgesetze, und doch war alles sehr gut. Das Gesetzte behält Bestand, bis auf das Wasser, welches sein dem Paradies ausgerichtetes Verhalten dann doch der Welt anpassen musste.

Im Anfang jedenfalls gab es noch keine Wolken, zur Bewässerung dunstete Wasser direkt aus der Erde zu ihrer Oberflächenbewässerung, und Quellen versorgten die Flüsse. Auch alles Grüne und Blühende war urgesund, Gott nennt es uns mit dem einfachen Satz: *„Alles gedieh prächtig, begehrenswert anzusehen.“*

Nein, liebe Menschlichkeit, es brauchte keine Gartenzäune um bestimmte Landstriche, es gab keine Grenze, die irgendetwas begrenzen musste. Alles war ja sehr gut. Bitte stellen wir uns die junge Erde doch nicht öd oder als verwildert vor, den Garten Eden nicht wie ein Reservat, keine „bunte Gartenschau“, abgegrenzt vom Rest der Erde.

Nein, diese gesamte Erde war anfangs das Paradies. Adam, also der Erdling, verliert seinen Eden-Bezug, das Gefilde der Seligen eben nicht örtlich, sondern körperlich am selben Ort. Natürlich blieben Erdlinge weiterhin Erdlinge, aber es kam ja der Mensch, der „Enosch“ hinzu, durch sein willentliches Handeln. So tauschte Adam bewusst das Elysium zu Martyrium. Adam hatte, das muss jeder in Betracht halten, eine vorzügliche Auffassungsgabe und perfektes Begriffsvermögen, er besaß fast unbegrenzte Denkfähigkeit, hatte also ein ausgezeichnetes Denkvermögen. Das Erkenntnisvermögen des mündigen Erdenbürgers von Gott geschenkt war ja vollkommen. Wenn lautere Vollkommenheit entwischt, die es ja festzuhalten gilt, entwickelt sich unlauterer Hochmut. Das alles kann jeder wissen aus der Genesis, warum wohl rümpfen wir die Nase, warum erachten wir dieses Wissen nicht?

Gott erklärt so konkret, so fein gezeichnet die Dreh- und Angelpunkte, wir aber übermalen alles bis zur Unkenntnis, wem oder was kommt dies entgegen?

Die Allwissenheit Gottes wusste ja, was kommt, deshalb nennt er uns die Fakten. Das Beispiel des Flusses, der aus Eden entspringt und sich dann in vier Arme teilt, welche die Errungenschaften von uns Menschen mitteln, ist doch so wichtig zum Verstehen. In seiner feinen Strichzeichnung erscheint eben nur das Nötigste, also ist es doch nötig für uns, das alles auch aufzufassen. Er nennt uns diesen gerade entspringenden Fluss bereits Strom, daher alles enthaltend, woraus zu schöpfen wäre. Heute geht im übertragenen Sinn alles den Bach hinunter. Wo gäbe es denn den Strom an der Quelle, dieser entwickelt sich doch umgekehrt, also aus seinen Zuflüssen vom Bach zum Fluss bis zum Strom an der Mündung, die alles ins Meer ergießt.

Austrocknen, unterwegs verhungern, ja, das kann das Wasser des Lebens, wenn wir übermäßig schöpfen. Genau dort, wo damals der Ursprung, räumlich gesehen, begann, genau dort ist der Kampf um das Wasser heute körperlich angekommen.

KAPITEL 29

Weltliches Recht rechtens?

Dringend füge ich an der Stelle einen Unterbruch ein, wegen der Reiter. Diese Reiter, die ständig über die Welt galoppieren, durch die uns vor fast zweitausend Jahren bereits offenbar werden sollte, dass die Schalen sich nicht unerwartet über uns ausgießen. Kalt erwischt aber und ohne Vorkehrung müssen wir heute eben immer nur hinterherkehren, den Schutt wegräumen halt.

Die Vollumfänglichkeit der biblischen Offenbarung von vor fast zweitausend Jahren lässt sich allerdings in diesem Buch nicht wirklich einbinden.

Genau dort, wo alles begann, im Euphrat-Tigris-Becken, zählt dieses Paradies doch schon sehr lange zu den am meisten umkämpften Wasserressourcen der Welt. Sechs Staaten sind auf die beiden Flüsse und ihre Nebenarme angewiesen. Historisch formulierte Ansprüche auf das Wasser von Euphrat und Tigris führen mehr und mehr zu Bruderkämpfen, nutzen sie doch alle das Wasser schon seit Jahrtausenden.

Wenn wir rechtlich die beiden Ströme als „internationale Flüsse" mit dem Prinzip der territorialen Integrität bewerten, wird klar, dass eben unilaterale Wasserabzweigungen rechtsverletzend wirken. Wenn hingegen das „Eigentum" der Quellen, basierend auf dem Prinzip der absoluten territorialen Souveränität, rechtens wäre, gehörte dann das Wasser dem Quellenland?

Wäre dann dessen Rücksichtnahme auf andere Länder für diese eben kein Recht, und wäre überhaupt aus Vorrechten Recht ableitbar?

Schon daraus muss uns offensichtlich sein, dass Gerechtigkeit im Lichte Gottes universell ist und daher auch niemals irgendein territoriales Recht Gerechtigkeit herstellen kann.

Diese Gerechtigkeit bleibt immer in einem starren Schatten des Gesetzes!

Also greift auch Säkularismus überhaupt nicht und ist geistig ohne Macht. Nur die körperliche Seite, in unserem Wollen eingebunden, stellt uns ein Gesetz, welches Recht verspricht zur Verfügung. DDieses gewollte Recht aber trügt, reicht nicht einmal annähernd an die Stellung von Vorrechten heran.

Weil es wichtig ist, nochmals zurück zur Weiterführung der Thematik, in den Garten Eden.

Heute unterscheiden wir zwischen Wildnis und Landschaftsbau, machen es also genau umgekehrt, setzen Naturreservate in unsere Welt. Damals setzten wir aber durch „Ur"-Adam unsere Welt in den Garten Eden, machten aus Eden nur ein Reservat der Bravour, welches dann leider bloß noch den Schimmer einer Idealsphäre darstellt. Das alles sagt uns Gott, er selbst legt die Wahrheit vor unsere Füße, zwingt uns aber nicht zum Glück. Wir lesen von den herrlichen Früchten der Bäume, stellvertretend für alle Reichhaltigkeit von pflanzlichen Nahrungsquellen, lesen aber auch von den herrlichen Früchten des Baumes, in Stellvertretung für die von Gott bereitgestellte geistige Nahrung.

Nahrung für den Körper und nicht zuletzt Nahrung für den Geist, damals, ja noch ist beides, Körper wie Geist, ein einziges Prädikat des Menschen.

Diese zwei Aspekte des Prädikates, die Früchte Gottes, stehen selbstredend am zentralen Platz unseres Lebens. Der Baum des Lebens also als Sinnbild unserer Erkenntnis für ein ewiges Leben.

Dieser nicht körperliche Aspekt des Baumes der Erkenntnis von Gut und Böse ist mittig platziert, denn der wurzelt in uns selbst.

Bereits in Adam und in Eva begann das Veröden dessen Wurzel, was dann aus dem Erdling Adam so nach und nach in dritter Generation auch leiblich den „Enosch" hervorbrachte. Sohn des Ersatzes, dürfen wir heute wissen, dessen Vater musste ja Abel ersetzen, für die beiden ersten Eltern der Welt.

Wir wissen doch, dass dies überhaupt nicht gehen kann, kein neues Kind kann Ersatz für ein verlorenes sein. Nichts kann diesen Verlust ausgleichen, deshalb möchte ja unser Vater im Himmel, dass kein Mensch verloren ginge, wir sind nach seinem Bilde!

Gott erklärt, das Verzehren dieser Frucht der Erkenntnis von „Gut und Böse" bedeutet Tod. Die Wurzel des Baumes, also dessen Sinn und die Früchte, welche daraus resultieren, sind unverdaulich, wenn wir sie aufnehmen. Begehrlich verzehrt fault es in unserer Seele und gärt, als ein unaufhaltsamer Prozess, der viele Gifte freisetzt.

Es ist an dieser Stelle wieder mal darauf hinzuweisen, dass Wortbedeutungen bildliche Darstellungen ersetzen müssen. Philosophie ist aber selbstredend nicht immer die Wahrheit, wenn diese vertont, „die Frucht der Arbeit sei die süßeste aller Freuden", denn die Frucht der Arbeit ist immer der Lohn. Beides hier zwar wertfrei, doch Frucht meint das Resultat!

Deshalb müssen wir nun auch den Namen *Enosch*, der zwar Mensch und Menschheit meint, aber eben mit dem Attribut der Sterblichkeit verstehen. Der sterbliche Mensch im körperlichen, also der Enosch, wird jetzt noch darüber hinaus mit „sündiger Mensch" im Geistigen assoziiert. Dieser Aspekt der Sünde prädestiniert also zuerst die Sterblichkeit. Namen wie gesagt spielen Schlüsselrollen, Mensch und Boden, *„Adam und Adamah"* sind sich verwandt. Adam meint Mensch mit dem Aspekt Erdling, Adamah spricht von „dem aus roter Ackererde Genommenen" und meint eben „Erdling, aus der Oberfläche der Erde".

Halten wir fest, die Sterblichkeit war also bei Adam noch nicht wirklich, fand durch sein Begehren erst Verwirklichung, trat durch sein Wollen in Wirkung. Hier spiegelt schattenbildlich bereits die vierte Dimension, für uns heute lebende Menschen unerreichbar, im noch unsterblichen und doch körperlichen Erdling. Also ein „Adam" mit direktem geistigen Zugang in diese vierte Dimension.

Das war damals natürlich, und selbstredend hatte bereits der erste Mensch auch Geist.

Spirit ist also nicht unbedingt eingebunden in eine Hülle, gleichzeitig auch eingesperrt in dem Gefäß.

Deshalb der Neid der Engel, hier auf unsere Körperlichkeit der Gefühle, eben auf unser Spüren und nicht nur geistiges Empfinden. Deren schwereloses, geistiges Empfinden war ihnen nicht genug, genau wie bei uns Menschen, die wir oft alles bis zum Exzess betreiben müssen.

Menschen, die unter ihrem eigenen Zwang, neuronal aufgebaut, körperlich leiden, sollten aber wissen, dass sie ihren Willen dafür selbst zuvor freigeben.

Deshalb war auch für uns körperlich sichtbar die irdische Sintflut, aber das Veränderungswirksame war überhaupt erst das Herauslösen der Manifestierungsmöglichkeit des Geistes durch die vierte Dimension. Die Engel konnten ab dann auch nicht mehr körperlich interagieren, indem sie durch ihren Geist Körperlichkeit in Manifestation brachten, also im buchstäblichen Sinne handgreiflich werden konnten.

Ich will fordern mit dem Buch, herausfordern sogar, aber nicht überfordern den Leser. Der Text soll sanft dämmern, nicht, dass der Lesende eine Brille bräuchte, die wieder das wichtigste Einsehen ausfiltert. Also Pause im Paradies, schauen wir nach oben und wickeln „endlich“ diese Wolke sieben ab.

KAPITEL 30

Wolkendämmerung

Weil ja die Zeit für Geist nicht existent ist, ich zwar menschlich aber begeistert bin, komme ich nun zwischen irgendwann auf der Wolke an.

Wie noch nie gesehen oder vergessen, steht Frau Merkel mittig des Wolkenplatzes. Glanzvoll, wie sie dasteht, ob das wohl die Mitte ausmacht? Ein eierschalenfarbenes Kostüm, ganz in blond, mit spitzen schwarzen, samten gefassten Knöpfen, die Ecken ihres Revers zeigen wie positiv nach oben und gehen mit einer Linie in ihre Gesichtszüge über. Eine dicke Perlenkette unterbricht elegant die Kontur, super, wie maßvoll geschneidert, irgendwie markant, aber overdressed für Feierabend.

Beide Hände hält sie sich am Kopf, wirkt entsetzt. Jetzt erst fällt mir auf, dass von Herrn Albert Einstein und von Herrn Stephen Hawking nur noch Kleider auf der Wolke liegen, schwarz auf weiß, erschreckend, was ist da wohl vorgefallen?

Wie um mich zu versichern, schaue ich sofort nach der Himmelsschaukel, und Himmel, wo sind denn die Mädels? Obwohl Ramadan ist, sehe ich nur ausgedehnt und hochstehend einen vollen runden, fast aufgeblähten Mond. Ich kann mir keinen Reim daraus machen, warum dieser, obwohl dem Islam zugehörig, ausgerechnet an Ramadan so viel zunimmt, ist der denn nicht Iman? So nah am Himmel Himmel?

Kaum darüber hinwegzukommen, wie ich so starre, schämt er sich wohl, kommt mir fast auch ein wenig rötlich vor und schwups, er versinkt in die Wolke. Hintergründig höre ich leise ein säuselndes Haaleeluu, erinnert mich an, hm, das kommt gerade nicht durch den Filter; da kommen die beiden jungen „Fraulinen“ ins Blickfeld, waren wohl hinter dem Mond gestanden.

Nein, generell kann man das so nicht sagen, islamistische Frauen gibt es auch moderne, aber ich frage mich, ist modern überhaupt so gut? Wenn man nicht modern ist, kann man auch nicht veraltern, eigentlich besser, ich werde „*Karl*" fragen, wenn ich ihn im Lager auf dem Feld treffe, wie alt modern überhaupt werden kann. Ja, fragen werde ich auch morgen früh, gleich auf dem Parkplatz, unseren Mathe-Michel, was er ausrechnet, wie lange modern modern bleibt oder ob sich das linear des Verfalls von Materie verhält?

Ein Seitenblick auf Angela, modern war sie nie sonderlich, aber dass sie veraltet ist, sehe ich auch nicht, Alberts Zeit ist doch relativ, bewiesen, verifiziert, rechnen ist out und *fehlt* sowieso.

Herr Reich-Ranicki sitzt seitlich, dreht mir den Rücken zu und baumelt mit den Beinen über den Rand der Wolke. „Herr Ranicki", melde ich mich an, um zu erfahren, was vorgefallen wäre, seine restlichen Bücher, auf denen er zuvor gesessen hatte, sind Blatt für Blatt vollgekritzelt über die Wolke verteilt, formelhaft. Frau Merkel spricht, ganz formell kanzelt sie mich ab, wo ich denn bliebe, sie sei Warten überhaupt nicht gewöhnt. Wegen des verkanzlerten Tons gebe ich keine Antwort, bin zwar Autodidakt, aber diktieren lass ich mich nicht.

Laut seufzend wendet sich Marcel mir jammervoll zu, seine runde Brille ist kleiner geworden, so scheint es, jedenfalls füllen die Augen von Reich'i nun komplett den Rahmen aus.

„Albert und Stephen haben sich beide selbst herausformuliert", jammert er süffisant, ich sei daran schuld!

„Wie rausformuliert?", frage ich zurück und starre diesmal auf die schwarzen Klamotten, die auf der Wolke liegen. „Dein Sphären-Dimensions-Dingsda", haben die beiden nachgeformelt. Einsteins Zeitrelation wurde rückfällig, und Hawking war lange schon nervös, weil in seiner Kalkulation nun immer nur Gott hinter dem Istgleich als Hochzahl postulierte. Frau Merkel konnte beim Gravieren der geschätzten physikalischen Gleichungen doch nicht mehr kontrahieren, so ausgedehnt waren die doppelten Dreisätze mit Wurzelresonanz. „Ich bin halt schon länger raus, physisch", sagt sie knapp dazwischen. Und Marcel zieht seine Schultern hoch, sodass sein Kopf fast in den viel zu weiten Hemdkragen rutscht. Im selben Moment rasselt der leere Rollstuhl von Stephen, piepst wild und fährt wie von Geisterhand kreuz und quer hin und her.

Großer Gott, bete ich, was soll ich tun? Merkel merkelt kurz auf! Ob sie sich angesprochen fühlte? Nein, sofort verjage ich den Gedanken, sie meckert eh, voller Probleme zu sein, weil sie die Tür nicht zubekam. Sie hätte schon lange keine physikalischen Mädchenträume mehr, und Albert oder Stephen müssten ihr das angesehen haben.

Niemand spricht von Schuld, sagen Reich'i und Reich'i im Duett. Hoppla, jetzt erst fällt mir auf, warum mir der liebe Marcel so adäquat bedeutend bedeutungsvoll war, so verdeckt sympathisch. Wir teilen uns ja den gleichen Spitznamen, nomen est omen, halleluja. Wir beide schlagen einhellig vor, dass Angela doch einfach taff alles Formelhafte rückwärtsformulieren müsse, um die beiden Verlorenen wieder zu verkörpern. Als die beiden Musliminnen dies hören – komisch, jetzt sehen die wieder viel ernster aus –, fallen sie auf ihre Gesichter und beten. Frau Merkel bekreuzigt sich und formuliert rückwärts! Wie das flutscht, so schnell hat die noch niemand reden hören. Rückwärts kann die richtig gut, hatte sie ja auch schon bewiesen. Mit dem Echo aus dem All, so ein Gluckern mit überlagerter Schwingung, hört sich an, wie halelu und excelsis, ruckeln die Formelwellen überfrequentiert und rücksichtslos an der Wolke, ein Zischen, es riecht nach Deo. Bloß noch leere Klamotten bleiben auf der Wolkendecke liegen, sonst gähnende Leere, alles wie ausgestorben. Nur noch die Wolke, die erscheint lebendig, dreht sich lustig; befreit von ihrer Last, schwingt sich die Wolke sieben höher, von hier unten sieht es aus, als würde sie lächeln, rede ich mir ein!

Aber oh weh, ich bedauere den Autor in mir, wie wird der die acht angerichteten nackten Tatsachen wieder los?

Albtraumhaft treffen auf mein Schild des Heils Anfechtung um Anfechtung und prallen ab. Eine aber, die kommt von innen, frisst sich in mein Denken, ich kann wohl nie mehr wohltuen-d schlafen!

Die Vorstellung, wie Ein-Stein, oh weh, völlig entblößt und ohne Anzug vom Himmel fällt und diesen mit Ton vermengten, halb stählernen Sockel der Wissenschaft zertrümmert, nicht auszudenken.

In völliger Gleichzeitigkeit ploppen neun MMS einstimmig auf mein Handydisplay! Nanu, doch alles relativ? Wie soll ich nun die viertwichtigste zuerst öffnen, die neune grade sind ja gleichzeitig, nein, noch gleichzeitiger aufgepoppt, eine Selbstzeitigkeit im Galopp. Aber! Eine Mitte gibt es immer, das habe ich mir noch berauscht vom Wissen meiner ehemaligen Wolkengäste im Hintergrund, na, im Kopf behalten. Also öffne ich auch die mittlere zuerst, und strahlend erscheint das Konterfei von Angela. Völlig befreit von ihrer nachhallenden Amtslast bedankt sie sich bei mir für ihre Zeit auf der Wolke, ihr ginge es dort, wo sie nun sei, paradiesisch, alle lebten in Harmonie, in Gemeinschaft mit Gott. Ihre Sühnung täte ihr auch sehr gut, sie wäre ständig am Harmoniumspielen mit ihrem Vater, dem leiblichen. Glücklich winkt sie noch, und schon öffne ich die nächste multimediale Nachricht in aufsteigender Richtung, also die „sexus"-MMS; es spannt sich eine strahlende Hella vor mein Sinnen, winkend mit beiden Händen und beiden Füßen küsst sie mir zu, bedankt sich und sagt, dass sie nun völlig frei wäre, nicht mehr mit diesem sinnlosen Kerl in einem Sack stecken müsse. Mir fällt auf, Hella hat ein wunderschönes, topgeschnittenes Kleid an; wie in einem Hochzeitskleid, so glücklich sagt sie mir Tschüss. Weiter in der Reihenfolge aus der goldenen Mitte mach ich sogleich als Drittes die vierte Nachricht auf, wieder ein Strahlen, mein Reich'i, den Kopf über den gesamten Screen, grinsend von einem Ohr zum andern sagt er schnell: „Wunderbar, wie der Autor die Leseleute durch sein Buch zieht, mit jedem Satz vom Himmel in die Hölle und wieder zurückfantasiert, ja fantastisch, wie die Wahrheit dabei immer vorne raustrabt, richtungssicher gleichzeitig in alle Richtungen." Der klare Kopf winkt mir noch mit dem rechten Ohr zu, bedankt sich mit einem „Weiter so!".

Ich atme wieder Freimütigkeit, schon jetzt, ich weiß ja, was die anderen sechs MM'essen bringen werden, leicht verdauliche Nachspeise!

Damit ich schnell wieder ins Paradies komme, bevor es zumacht, öffne ich nun zwei Nachrichten gleichzeitig, ich kann ja splitten. Etwas „green“ zwar, aber strahlend, wie könnte es anders sein, tanzen zwei bildhübsche Damen ladylike im Mondlicht über mein Handy, synchron bedanken sie sich für ihr befreiendes Erleben auf der Wolke. Zwischen den beiden winkt mir ein Mann in einem glänzenden Kaftan mit seinem Bart prophetisch zu, dreistimmig höre ich noch winkend „Salam aleikum“.

Mit *wa aleikum assalam* klicke ich gleich wieder zwei weitere Messages auf. Wie spiegelbildlich kommen zweimal Albert und zweimal Stephen auf meinen Schirm. Beide einander untergehakt und lachend. Im geteilten Bild steht Albert jeweils außen und Stephen jung glatt und kerzengerade mittig, wie an sich selbst angelehnt. Völlig vermittelt, teilen beide, also relativ zu viert mit, dass es nun für sie viel formelhafter sei, als sie es sich jemals erträumt hätten. Acht Hände gleichzeitig winken die Formel Servus auf den Schirm. Herr Hawking sagt, er wisse nun auch, dass es Gott gibt, und als er über Gott und die Relativität der Zeit aufklären will, hält Herr Einstein ihm die Hand vor den Mund und streckt mir die Zunge heraus. Ich mache natürlich unmittelbar einen Screenshot, weil ich dies formell als Geschenk vom Himmel noch für mein Buch brauchen könnte.

Nun denke ich, wird es spannend, die letzten beiden *mm'essen* zu öffnen, sorry, ich bin doch nur *„Ben...ja...min“*, nicht *„Hese... kiel“*, Menschenskinder, dem Ezechiel, dem Propheten, wurde ja in Babylon befohlen, die Schriftrolle zu essen. Ich bekam es trotzdem intus, nicht mit dem Löffel, mehr so vom Stroh aufgesogen, in den Kopf halt.

Ihr, liebes Publikum, ihr werdet länger schon lesend, fragend und wolkolös nach der neunten Persönlichkeit raschelnd, grübeln ... ich *willi* euch erlösen. Das war ja schon mit jeder Seite des Buches meine Hoffnung. Mittig geteilt fokussiert mein Handy die zwei letzten Multimedia-Nachrichten und zack, multimedial gesplittet, der liebe Joseph, alias Ratzinger, und der liebste Wolken-Gast Benedikt, alias Pappa ante portas, wie erlöst „von den Toren“ Roms, lachen mich beide an. Befreit von ihrer gespaltenen Persönlichkeit jubeln sie mit einer Stimme: „Halleluja, Ehre sei dir, Gott, hier im Himmel, und tausendmal Ehre in deinem paradiesisch friedlichen Reich, amen!"

Wenn alle Wolken weg wären, so scheint mir, könnte doch auch das Licht Gottes schattenfrei auf die Erde fallen, aber irgendwie dämmert mir dabei … Die Gerechtigkeit Gottes würde dann alle menschlichen Gesetze völlig ausbleichen, wir würden in Anarchie versinken!

Unsere Welt der Götterdämmerung wäre wie ein Ring um unsere lieben Lungen, wir bekämen keine Luft mehr zum Atmen.

Alles *Rhein*-Gold, was uns noch glänzte, verloren; verlore*ne* Würd*e* … würde mit noch so viel Sieben durch Gottes Wort nie mehr zu Feingold!

Elifas, der älteste Freund Hiobs, spricht davon vor langer Zeit. Wir meinen aber, eine Hiobs-Botschaft sei verhängnisvoll, dabei verwechseln wir nur wieder alles!

Ist das die Verheißung Gottes?

Dritter Teil

Wir können die Stimme Gottes hören!

„Meine Schafe erkennen meine Stimme“ ..., aber Gott ist eben keine Esoterik!

Ohne Glauben sind wir eben NICHT seine Schafe.

Glauben meint nicht, ich erinnere wieder, „zu denken, es wird so oder so sein“, es geht nicht um unser Gefühl. Unsere Gefühle sind ja genau das Problem. Gott lässt sich nicht zwingen, nicht vor unseren Karren spannen, wir können ihn uns nicht herbeidenken.

Glauben meint: *Mich selbst ganz bewusst Gott zu unterstellen, ihm vertrauen, also mich voll und ganz meinem Schöpfer mit meinem „ganzen“ Leben anvertrauen!*

Dazu braucht es Ruhe! Aber „Ruhe“ meint konkret, wegschauen von allem anderen, das heißt, wegschauen von unserem eigenen Gefühl. Zuerst gilt es also unsere Gefühle als unwahr zu erachten, wir müssen bereit sein, uns selbst bereits auf dieser Ebene infrage zu stellen. Wir müssen beginnen unseren Willen zu formen, um diesen bewusst nach Gott auszurichten und eben nicht auch nach der Welt. Wir können nicht zwei Herrn dienen, meint genau dies; *wir dürfen also keine anderen „Götter“ bedienen!*

Wir leben nun mal im Hier und Jetzt. Jeder Einzelne steht, aus seinem Blickwinkel, automatisch inmitten der Welt, eingebunden im Körper. Also schreit unser Fleischliches, unsere Seele nach der Welt. Dem Verlangen, genau diesem Ruf müssen wir uns für „tot stellen“. Dann erst „herrscht“ die Ruhe, erst so erkennen wir durch den Geist Gottes, dass wir der Welt nicht folgen müssen. Dann erlangt unser Ich die Freimütigkeit, wahrhaftig zu verstehen.

Dazu müssen wir opfern, und zwar nicht zuletzt unsere eigene Mutwilligkeit.

Wir könnten uns doch vorstellen, wir wären nur ein kleiner Bahnhof und die Welt im schnellen ICE hält nicht an, die Welt rauscht einfach bei uns durch, betrifft uns eben nicht wirklich, diese Welt.

Gottes Liebe vertrauen ist der Schlüssel, nicht mehr und nicht weniger!

Gott möchte, dass wir die Welt gebrauchen, dass wir uns eben nicht an ihr stoßen, aber auch keinen Anlass geben, an welchem die Welt sich stößt.

KAPITEL 31

Alle Menschen sind gleich!

Ich erinnere: Wir befinden uns punktuell des Textverlaufes immer noch im Jahre 1 der Schöpfung zu aller Beginn, in aller Anfang.

Obwohl dieses Buch den Leser mit dem roten Faden der Gerechtigkeit durch Raum und Zeit hin und her zieht, besteht Wichtigkeit, für die Kausalität der Zusammenhänge von Anbeginn fortlaufend Beweis zu führen. Eine weitere Ebene des Buches ist, das Sprachverständnis zu beleuchten, um uns mit der universellen Sprache des Heiligen Geistes abzustimmen. Der Verlauf des Buches versuchte ja immer wieder, Interesse zu wecken und mit Wunderlichem zu überraschen, um auch schwere Themen erträglich einzubetten sowie die Notwendigkeit Gott omnipräsent im Vordergrund zu betonen. *„Gott ist ein Gott der Lebendigen und nicht der Toten"* meint auch die Art, lebendig mit dem Allerheiligsten umzugehen und dieses eben nicht als Sakrileg zu Grabe zu tragen. Berührungsängste mit allem Göttlichen treffen uns, weil kein Mensch vor Gott jemals standhalten könnte, daher ist Offenheit und Ehrlichkeit essenziell, wenn wir uns in seine Nähe wagen wollen.

Dringend ist immer wieder darauf hinzuweisen, dass alleine ihm, unserem Herrn, alle Ehre gebührt. Die Aussage, dass Gott generell alle Menschen liebt und er deshalb unser Tun im Allgemeinen nicht für gut heißen kann, ist dabei immer im Auge zu behalten.

Im ersten Teil des Buches war das Hauptaugenmerk auf dem leeren Raum, welcher von Gott in sich selbst zum Dasein gebracht wurde. Warum diese Betrachtung rechtlich wichtig ist, haben wir gesehen. Obgleich im leeren Raum ein völliges Vakuum Bestand hatte und die Absolutheit von null Temperatur keinerlei Bewegung ermöglichte, war bereits dieser Raum erfüllt von vollkommener Gerechtigkeit. Der Verlauf zeigte auf, dass Geist fließend herrscht und den Raum selbst überhaupt erst definiert, dadurch die Schöpfung von Materie möglich macht.

Im Weiteren war das Augenmerk auf der Beweisführung, dass einzig die von Gott verordnete vollkommene Gerechtigkeit diese von ihm selbst geschöpfte Materie durch Gesetz bezwingt.

Das Folgende zeigt nun auf, dass eben die vollkommene Gerechtigkeit innerhalb unserer Dimension niemals von einem rein irdischen Menschen erreicht werden kann. Im Besonderen soll dies klarmachen, dass zur Wiederherstellung derselben unser Schuldverständnis, persönliches Eingeständnis und Reue logische Voraussetzung sind. Das Ausgleichen fehlender Gerechtigkeit durch Begleichung der Schuld ist eine Notwendigkeit zum Eintritt in die Gemeinschaft mit Gott. Diese Kausalität erkannt, führt uns gleich weiter und kann nach der Darstellung der Dinglichkeit des natürlichen Menschen zum Zentrum springen und dem Leser vermitteln wie, wann und warum der Schöpfer für diese vollkommene Gerechtigkeit in Haftung geht.

Welche Prädikate sich in den Persönlichkeiten Gottes entfalten und welche Aspekte überhaupt für uns Menschen zur Gemeinschaft hin wirken, wird weiterhin Thema sein.

Ganz bewusst verweise ich dringend darauf, dass Menschen mit rein wissenschaftlicher Grundlage genau wie Menschen mit einem philosophischen Weltbild zuallererst den gleichen Stellenwert vor Gott erhalten wie jene, die als Anhänger von Religion Gott bekennen, aber auch Atheisten, die meinen, dass eine Welt gänzlich ohne Gott auskommt.

Wichtig ist dabei anzumerken, dass selbst Menschen, die meinen Gott gut zu kennen, in diesem Buch immer wieder Überraschungen erleben! Ein Differenzieren von Gesetzes Religion entgegen der Gerechtigkeit ist besonders auch in frommen Kreisen nicht wirklich erkannt. Alleine Frömmigkeit und ein Fürwahrhalten, dass es Gott gibt, reichen nicht wirklich aus, um ganzheitlich für Gott geheiligt zu sein. Ebenso braucht es, um universelle Freimütigkeit zu bekommen, einen Ausgleich von Geist und Körper. Vielmals schon habe ich aufgeführt, dass unsere menschliche Seele den Kampfplatz darstellt, auf welchem wir unseren Willen säubern müssen. Dies gelingt, indem wir vom Heiligen Geist lernen zu segregieren, also Gutes von Schlechtem zu trennen, abzusondern und abzuspalten, den Abfall auszusondern, heißt zu eliminieren. So wie der Körper selbst durch Gottes Genialität darüber verfügt und Ungesundes von Gesundem trennt, automatisch Giftiges über die Nieren zur Ausscheidung zwingt.

Genauso bedarf auch unser geistiger Input und Output bereits auf der seelischen Ebene der Segregation.

Wir müssen uns gewiss sein, der Teufel ist auch fromm und kennt Gott, wird aber letztendlich seine Gemeinschaft mit allem Göttlichen verlieren.

KAPITEL 32

Was wollte Gott uns sagen?

Tatsächlich hat alles einen Sinn, den wir auch erkennen können, denn Gott spielt nicht verdeckt mit uns, es liegt immer alles offen auf dem Tisch, wir können, dürfen und sollen uns bedienen.

Wenn ich oben gerade erst feststellte, vor Gott zählen alle Menschen unabhängig ihrer Gesinnung erst mal gleich, muss ich das noch erläutern und durch Logik beweisen. Die Aussage gilt eben insofern, weil jeder Einzelne seinen Vorschuss von Gott in die eigene Person investiert. Dargestellt eben als eine Hypothek, bei der unser fleischlicher Körper, das Gefäß unseres Ichs, einem Grundpfandrecht zur Sicherheit für diesen Kredit unterliegt.

Wir ernten deshalb auch als „wahrhaft" Gläubige keine Vorschusslorbeeren, obgleich uns Gott anhand seiner Vorkenntnis bereits die Gotteskindschaft überlassen hat. Er ist sicher, seine Vaterschaft aus Adoption niemals annullieren zu müssen.

Wir selbst können dies aber nur erahnen, unser Gefäß entsprechend reinigen und rein halten, um unsere Adoption dann selbst mündig durch die Wiedergeburt im Geiste auch bewusst anzunehmen. Dadurch erlischt die Hypothek, weil ja das Unterpfand, unser Körper, Gott anvertraut als zurückgegeben gilt, der Schöpfer also wieder über sein Eigentum verfügt. Es bleibt keine Grundschuld bestehen, und wir sind Miteigentümer von Gottes Besitz, können somit auch rechtlich fundiert unser Erbe als Miterben Gottes glücklich antreten und verteidigen. In diesem Fall erwirkt Gott, um unser geistiges Leben zu erhalten, den Erhalt unserer Gotteskindschaft nötigenfalls durch ein Ende unseres körperlichen Lebens.

Es ist keinesfalls so, dass wir Eigentumsrechte von Geburt her hätten, Gott gibt uns zwar das Leben in Besitz, bleibt aber Eigentümer. Unser Körper unterliegt also einem Fahrnispfandrecht, deshalb dürfen wir diesen nicht bewusst verunstalten und darüber hinaus auch nicht wegwerfen.

Dies alles muss man wissen, um überhaupt die eigene Position in der Stellung zu Gott einschätzen zu können.

Wie gesagt, die allgemeine Gottheit selbst ist völlige Gerechtigkeit in Person, es wird nichts übergangen, kein Recht gebeugt, also auch kein Eigentumsrecht verletzt. Egal wer und egal wann oder wo, das Unterpfand bürgt allen Menschen für eine Gleichstellung vor Gott bis zum körperlichen Tod. Daher können wir auch nur bis zu dessen Eintreten unsere Schuld ablösen, danach bleiben wir als geistige Person schuldig, denn wir können den toten Körper als Unterpfand zum Preise seiner Herrlichkeit dann nicht mehr zurückgeben!

Liebe Leser, mir ist klar, dass dem nicht jeder folgen möchte, das ist ja auch von Gott gestützt, es steht jedem frei, solange er lebt.

Wir können uns rosa Wolken malen und uns gedanklich goldene Schlösser bauen, alles kein Problem. Wir können natürlich auch unrechtlich etwas in Besitz nehmen, werden dadurch aber noch lange nicht zum Eigentümer. Gerechtigkeit im Lichte Gottes ist unantastbar.

Nun hatte ich ja angedeutet, dass uns Gottes Ratschluss immer offenliegt. Das, was Gott mit der Auflösung der rosaroten Wolke-sieben-Geschichte mitteilt, ist auch Information. Die Reihenfolge der Abarbeitung von gleichzeitig gesendeten MMS der nun *wolkenlosen* Freigeister ist daher sicherlich bedeutungsvoll!

Nichts passiert ohne Sinn, wenn man Gott in sein Leben bittet!

Die Schnittmengen von Bezügen bilden durch den erkannten Zusammenhang selbst die Information.

Also schaue ich im Nachrichtenspeicher meines Phones, wie das war mit der Reihenfolge der Wichtigkeiten. Was ich daraus lernen und auch hier mitgeben soll.

Die mittlere dieser neun öffnete ich ja zuallererst auf meinem Screen. Zu sehen war ein politischer Engel, klar wird mir daher, die Politik selbst schiebt sich immer laut in den Mittelpunkt unseres Lebens. Politik findet daher an erster Stelle unsere Beachtung, auch wenn sich viele dem überhaupt nicht bewusst sein wollen. Logisch aber, denn mehr und mehr geht es lange schon politisch nur um Kohl*e*. Milliarden-*haft* wäre eigentlich nötig, seit der Koffer schäubleweis … Nein, ich bin enttäuscht, aber das ist gut, denn ich kenn ja meinen Willi, der mir auf der Seele brandt*e*.

Die allererste Stellung in unserem Leben sollte doch wahrhaft geheiligt sein für unseren Schöpfer, da dürfte es doch nichts Wichtigeres geben!

Wenn doch der *Pontifex maximus* zuerst multimedial aufgesimmt wäre, ja dann …

Fast unglaublich, wie es Gott mathematisch einreiht, dass die Angela aus dieser Mitte der eingehenden Nachrichten bei mir zuerst aufploppt, also „nur“ politisch korrekt an erster Stelle, aus der Himmel Himmel grüßt.

Danach öffnete ich ja unbedarft und immer in abwechselnder Reihenfolge aus der Mitte der Gleichzeitigkeit her die Nachrichten.

Daraus soll nun zu erkennen sein, was im Durchschnitt an zweiter Stelle in unserem Leben steht? Das ist schrecklich, warum eigentlich hatte ich die fünfte Nachricht und nicht Nummer drei als zweite geleakt?

Weil es eben wirklich so ist, direkt zweitwichtigster Lebensinhalt des Otto-Normal-Individuums ist der Klamauk, wie dumm! Wir sind wohl doch von Sinnen, ganz dunkel ist das, aber wir glauben uns ja Hell*a*. Satirisch, witzig und bissig ist uns durchschnittlich eben übergewichtig.

Nun weiß ich auch, warum Adam und Eva als zweite Amtshandlung Scham anziehen mussten!

An dritter Stelle ... immer noch kein Gott, wie traurig, es sind die Medien, sagt mir der Ranicki. Wir stellen also nach der Politik gleich eine zweite und nun auch eine dritte Komödie in unsere Lebensmitte. Es folgt ein Medium für unsere Wichtigkeit, welches rhetorisches Potenzial entfaltet, uns narrativ in Sinnproduktion intensiviert, also Sinn-Überschüsse produziert! Unsere persönliche Einzigartigkeit muss gestützt werden, wir sind ja von besonderer, wenn auch eigentümlicher Art, das erfordert, um überhaupt zu existieren, Überschuss.

Nun, die nächste Chance verdrängt selbst sogar aktiv unseren lieben Gott, denn nur die Religion steht also an vierter Stelle im durchschnittlichen Menschen-Sinn. Gleich zu dritt, welch eine Stellvertretung! Was das nun bedeutet, schließe ich dem Leser lieber nicht auf, von Dreifaltigkeit versteht ja so schon fast niemand etwas.

Warum wohl „ausgerechnet“ Mohammed Religionsvertreter sein muss und nicht der Katholizismus? Wo der doch unser aller Weltanschauung und unsere Wertvorstellungen zu prägen beansprucht.

Wer nun immer noch nicht an Gott denkt, ist der Mensch. Scheinbar gesund und wach kümmern wir uns ja um Wissenschaft und Forschung, rechnen uns aber leider erst fünftrangig mit unserem Denken in die Zukunft. Daher wohl auch der leicht zynische Unterton von Einstein und Hawking, der unterschwänglich mitschwingt und bisher noch nicht aufgefallen ist. Die Wissenschaft also erst an fünfter Stelle, so weit ab von wichtig, da müssen sich die forschen forsch Forschenden ja wie Wichtel fühlen. Dabei ist die Wissenschaft in ihrem Wesen weit entfernt von Märchen, Sagen und Erzählungen.

Es erregt mich sehr, nun genau zu schauen. Was ist jetzt das Letzte für den Durchschnittsmenschen? War nun *Benedikt* das Alfa und *Joseph Alois* das Omega, oder kommt das Papsttum ganz zum Schluss? So ist es, ich stelle fest, wir schreiben ja von links nach rechts, die letzte Multimedianachricht vom Doppio ohne Essenz war also multimedial, zuerst der menschliche Joseph Alois. So wirkt als sechstes Alphatier in uns nur die Frömmigkeit und als Allerletztes leider schlusst die Heiligkeit!

Gott, so macht er es hier offensichtlich, sieht sich vom natürlichen Enosch erst an letzter Stelle wahrgenommen!

Traurig, liebe Leute, da muss man doch etwas ändern, wann stürzt wohl der hohle Sockel der Politik in sich zusammen, wie ein Kartenhäuschen?

Wie lange lassen wir Ottos uns überhaupt noch Fahrkarten verkaufen für Züge, die längst abgefahren sind oder überhaupt nie gebaut werden?

Und an erster Stelle unserer Wichtigkeiten, nur leere Kartonagen in allen möglichen bunten Geschenkpapier-Überraschungen. Diese Mandanten sind marketingtechnisch wirklich zu *Lobby'is*...; Weihnachtspapier, Osterpapier, Geburtstagspapier, selbst Neujahrsmotive werden vermittelt. Aber dann ist schon Schluss mit der politischen Genialität bei runden Entscheidungen.

Es ist wieder bewiesen, Gott hat Humor, basta!

Er lächelte mir auch schon vor fast fünfzig Jahren zu, als ich tatsächlich mit meinen beiden Vettern, also wortwörtlich zweieinhalb Engeln im Lausbuben-Alter, am Samstagnachmittag zig gefangene Spatzen in der Kirche fliegen ließ, die auf die Frömmigkeit der Gottesdienstbesucher, welche ihre sogenannte Sonntagspflicht bereits in einer Vorabendmesse erfüllten, sch... pfiffen. Ja, Gott lachte, obwohl die Spatzen wegen der drei Vettern sicher mehr als drei Federn lassen mussten.

KAPITEL 33

Zeit geht, Zeit kommt, und doch läuft sie nur vorwärts

Sind es also die Zeiten, die wandeln? Liebes lesendes Publikum, ihr werdet schon reklamieren, dass ich, der Autor, eure Nervensäge ziemlich *hin*ziehend an euren Nerven säge. Das Buch zieht sich auch in der neuen *Heilszeit* des letzten Teils hin und her, ich verspreche es!

Aller guten Dinge sind drei, wird oft gesungen, und das nicht nur im Mai. Aber nicht deshalb, sondern weil die Reise zum Ende kommen muss, nun in Kap. 33 schauen wir doch endlich nach dem Wandeln Gottes im geheiligten Garten der jungen Erde.

Doch halt, noch ein kurzer Aufschub, wo wir gerade so relativ nett über Zeit simulieren.

Es ist rein rechtlich überhaupt nicht unsere Zeit, sie steht uns nur zur Verfügung! Nicht einmal besitzen tun wir sie, geschweige denn, dass sie unser Eigentum wäre. Es dreht sich in diesem Buch immer um Gerechtigkeit, fragen wir also, könnten wir vergeudete Zeiten einklagen? Ich meine hingegen, dass wir selbst verantwortlich sind, was wir mit unserer Zeit machen, für was wir diese unsere Zeit verwenden.

Sollte Gott denn etwa vergeudete Zeit bei uns einklagen? Müssen wir nicht mündig mit der uns geschenkten Zeit haushalten, um diese auch im Sinne des Stifters zu nutzen?

„Kauft die rechte Zeit aus, denn die Tage sind böse“, ließ der Heilige Geist damals durch Paulus, an die Küste der heutigen Türkei, nach Ephesus senden. Im damaligen Kontext geht es darum, Gläubige aus dem *Meer* zu *fischen*. Gott erklärt seine Haushaltung für unser Bürgerrecht im Himmel. Er sendet durch Paulus Geheimnisse göttlicher Gesetzmäßigkeit für ein tausend Jahre währendes Friedensreich.

Das, was der Epheserbrief vermittelt, ist deutlich genug, um zu verstehen, dass es uns Menschen etwas kostet, in der Wahrheit zu leben, auf dass wir erkennen, was auf dem Spiel steht, falls wir unsere begrenzte Zeit nicht in diesem Sinne ausnutzen.

Für Gott selbst aber gilt doch überhaupt keine Zeit, warum zählt er dann Zeiten für uns, hält eine besondere, abgesonderte, also geheiligte Zeit für uns bereit?

Weil Gott eben immer Trennung vollzieht, um Einheit zu bewirken. So trennt er auch Zeiten, damit wir durch seine Gnade Errettung finden. Er schenkt uns dadurch selbst heute im Hier und Jetzt, also allen Menschen, einen Blick in das Zeitalter der Zeitalter, um möglichst viele Glaubende zu seinen Söhnen hinzuzählen zu können.

Dies ist der Sinn des Ganzen, das ist also das *Meer*, unser Völkermeer, aus welchem heraus sich jeder Einzelne fischen lassen soll, heraus aus der bösen Zeit der irdischen Wirklichkeit.

Heraus demnach aus dem Element der natürlichen Menschen in das geistige Element hin zu Gott, aber nicht gefangen und herausgerissen, sondern liebevoll gefischt.

Das Element des Wassers zu verlassen, das weiß jedes Kind, ist des Fisches Tod. Hier in geistiger Sprache ist der *Fisch* eben unsere Zeitverschwendung, und *böse Tage* meint einen nicht sinnhaften Umgang mit unserer begrenzten Zeit! Die Zeit richtig zu nutzen kostet uns eben doch viel, nicht nur etwas Disziplin, sondern ein großes Opfer, nämlich unsere Zeit selbst!

Zeitvergeudung aber, mit dem Hintergrund von „nur" körperlicher Sterblichkeit, ist weltlichen Dingen anzuhängen und dabei die geistige Dimension nicht zu erachten.

Somit wird klar, dass zumindest das Opfer der Zeit, die es braucht, dieses Buch zu lesen, auch zwei- oder dreimal bis zum Verständnis, keine Zeitverschwendung darstellt!

Nun aber wahrhaft zum Wandeln Gottes im Paradies, welches, wie ich schon sagte, nur eine zeitlich getrennte Ebene bedeutet. Bildlich dargestellt als ein Garten innerhalb der restlichen Erde, sprachlich eben das Paradies, eine Heilszeit noch ohne den Tod. So unglaublich es auch klingen mag, es ist so, wie Gott sagt.

Gott selbst hat Leben geschenkt und alle Systematik zur Erneuerung einkalkuliert, um Verschleiß auszugleichen. Wir sollten die Welt doch benutzen, und durch Nutzen entsteht Abnutzung beim Nutzenden und beim Benutzten.

Es *war sehr gut*, dies steht fest; ich erinnere daran, dass dies vollumfänglich gelten muss, daher auch alle systemrelevanten Parameter entsprechend geschaffen und beschaffen waren. Wer des Schöpfers Schöpfungskraft und Vollmacht begrenzt und seine vollkommene intelligente Schöpfung bezweifelt, glaubt auch nicht wahrhaft an einen Schöpfer.

Schauen wir ins Universum, bestaunen wir im Größten, wir sehen eine schier unendliche Nötigkeit von Schöpfungskraft.

Schauen wir ins Innerste im Kleinsten, wir erahnen ein unglaubliches Funktionieren und Zusammenspiel von Materie in Bewegung.

Schauen wir auf die heute noch übrig gebliebene Artenvielfalt und die Strukturen in der Natur, deren Ineinandergreifen und Abgestimmtheit bis aufs Feinste.

Dann erachten wir auch die Notwendigkeit von Bauplan und Berechnung mit unendlicher mathematischer Affinität. Funktionierende und gestalterische Ausdrucksfähigkeit auf höchster Ebene von Ästhetik mit dieser Abhängigkeit voneinander und füreinander vom Kleinsten bis zum Größten auch umzusetzen setzt Allmacht über die Ebene von Zeit und allwissende Vollmacht geradezu voraus.

Noch heute sehen wir unsere Fauna in ihrer Artenvielfalt zwar degeneriert und ausgedünnt, immer noch bedingt anpassungsfähig. Die Erbinformationen sind so ausgeklügelt in ihrer Informatik, dass Anwendungsautomatismus sowie Anwenderautomation, mit allen nötigen Applikationen versehen, der Gesunderhaltung und Fortpflanzung dienen können.

Eines von zwei einander entsprechenden Genen homologer Chromosomen gleicht großteils einschleichende Defekte aus. Falsche Informationen oder fehlende Informationen werden so durch den Locus der Allele, der Genvarianten Struktur, vereinfacht ausgedrückt durch eine nötige Doppelfaktorigkeit weitestgehend nicht wirksam und verlieren sich selektiv. Wir sehen also phänotypisch bei Beobachtung einer Art die Vielzahl von möglichen Ausprägungen, bedingt durch multiple Allelie. Wir stellen demzufolge fest, dass alle möglichen Variationen genotypisch zur Anpassungsmöglichkeit bereits im Urtyp der Art angelegt waren und jede Mutation auf dieser Ebene Verlust bedeutet.

Mit diesem Hintergrund erachten wir auch den Schöpfer nicht nur als eine Person, die durch den Garten wandeln würde.

Nein, der Gott, so wie er durch den Garten wandelt, zeigt bloß einen Aspekt unseres Schöpfergottes. Seine Vollumfänglichkeit über der Himmel Himmel dimmt sich also, Ebene um Ebene, herunter und schreitet dann geistig manifestiert in sich selbst über die Erde. So kommuniziert er innerhalb seiner Schöpfung mit uns Menschen.

Adam vor dem Sündenfall war ebenso auf dieser geistigen Ebene unterwegs, konnte dementsprechend mit der Normalität von Visualisierung des Wesens interagieren. Alles war offenbar, Adam brauchte also logischerweise nicht wie wir eine Offenbarung. Deshalb durfte er ja auch nicht auf Gottes Allwissenheit zugreifen, Gott lässt sich nicht als Datenbank oder Suchmaschinen-Medium missbrauchen. Die intellektuelle Fähigkeit des ersten Menschen wird uns ja als *sehr gut*, das meint perfekt, angezeigt. Dargestellt ist dies nicht zuletzt durch die Information, dass dieser Mensch mit seinen Fähigkeiten, selbstredend auch die der Sprache, alle Lebewesen seiner Erreichbarkeit benennt.

Wohlgemerkt, die intellektuellen Fähigkeiten sind tatsächlich, beinhalten neben dem bloßen Benennen natürlich auch nötiges Aufgliedern, Einordnen, Erfassen und Gruppieren. Quasi eine Aufnahme geistiger Katalogisierung mit Ordnen, Registrieren und Sortieren nach Systematik, also selbstverständlich auch das Unterteilen und Situieren.

Adam selbst ist keine wandelnde Enzyklopädie, dennoch erfährt er nicht nur Daten und Fakten direkt von Gott und kennt auch die Hintergründe und Zusammenhänge. Genetisch komplett in allen Anlagen ist damals dieser direkt von Gott geschaffene Mensch, das muss uns klar sein. Genau deswegen, aber nicht nur deshalb, schöpft Gott auch keinen zweiten Menschen neu. Dieses wichtige Detail des Sinns wird leider von uns übersehen. Gott nimmt Eva direkt aus dem fertigen Adam, bringt also eine Männin zum Leben. Diese wurde Adam folglich nach Gottes Ratschluss unmittelbar auf Augenhöhe zuteil.

Heute müssen wir aus diesem Vorgang erkennen, dass alle Menschen auf Augenhöhe und zur Hilfe untereinander interagieren sollen, dass auch Mann und Frau einander ergänzen. Als Wichtigstes aber gilt, dass wir als Paar einander entsprechen müssen.

Zudem wird ausdrücklich berichtet, dass Gott die Ausprägung der Geschlechtlichkeit klar und bewusst auf zwei Geschlechter aufgetrennt hat, eben als Mann und Frau.

Jedem aufmerksamen Bibelleser, welcher Gottes Reden für wahrheitlich erachtet, müsste klar sein, dass beide Geschlechter bereits in Adam genetisch angelegt waren. Dennoch betone ich in meinen Ausführungen diese Systematik besonders in ihrer Wichtigkeit. Außerdem wird nur durch die Darstellung der damaligen menschlich höchsten Kommunikationsebene mit Gott deutlich, warum der Griff zur vollkommenen Erkenntnis als die Frucht von Gut und Böse gilt. Allwissenheit kann nur in einer Person zusammengefasst bestehen, sonst müssten weitere teilhabende Persönlichkeiten dieselben, also identisch sein.

Auch Gerechtigkeit auf Augenhöhe bedeutete übereinstimmendes Wollen und würde darum „selbe“ Menschen und nicht nur gleiche Menschen erfordern. Gott aber wünschte die Vielfalt und vor allem die Eigenheit von jedem Einzelnen. Er fördert also den Individualismus. Daraus resultiert bereits aus der Logik von vornherein, dass ein Individuum keinerlei Recht beanspruchen, sondern nur mit Vorrechten begnadet sein kann. Gleichheit bei Menschen, wie gesagt „sich entsprechend“ auf Augenhöhe, bedeutet nicht zuletzt den gleichen Wert vor Gott eines jeden.

KAPITEL 34

Die Realität des Sündenfalls

Übergangslos bleiben wir nun hier im Ratschluss der Schöpfung. Mir ist bewusst, dass diese Ausführungen nicht so ohne Weiteres akzeptabel scheinen.

Durch das gesamte Buch zeige ich deshalb immer wieder die Gerechtigkeit Gottes als wesentlich und fordere das daraus resultierende Grundprinzip der Logik beim Verfolgen der Thematik ein. Deshalb ist ganz wichtig, den Zusammenhang plausibel aufzuzeigen, warum die Welt ist, wie sie ist. Die Vollkommenheit Gottes darf sich anhand des realen Zustandes der Welt nicht infrage stellen, sondern muss aufgrund von Gottes Schöpfungsordnung, seiner Grundsätze und seines Ratschlusses nachvollziehbar sein.

Das Buch trägt Gründe und Fakten herbei, welche diese Aussage belegen können. Ich spreche also nicht über die Wahrscheinlichkeit von etwas, sondern stütze meine Aussagen auf Darstellungen von Zeiten und Wundern, wie wir sie aus der Heiligen Schrift kennen. Nur mithilfe und Zutun von Geist wird es nachvollziehbares Wissen, denn bei Gott ist nichts unmöglich.

Wieder zu Adam und Eva und nochmals zur Thematik ihres Sexus, also deren differenzierte Ausprägung im Hinblick auf die Fortpflanzung.

Mit Adam war, wie ich schon sagte, die Gattung Mensch vollkommen, es war ja bereits unser kompletter Genus geschaffen.

Die Vollständigkeit und Zusammensetzung aller Gene des menschlichen Organismus und somit auch alle Erbinformationen sind urtypisch vorhanden!

An späterer Stelle versuche ich noch einen kurzen Überblick zu schaffen, um den Beweis zu führen, dass in Adam bereits Eva angelegt war, es aber umgekehrt nicht möglich gewesen wäre.

Der Finger Gottes weist auch hier wieder auf seinen Humor. Wie wir heute wissen, ist es eben bei der Gattung Vögel genau umgekehrt, vom weiblichen Teil wird der Sexus getragen, es wäre so also nur aus einer Eva ein Adam möglich geworden. Wir kommen wohl nochmals darauf zurück, was Gott in der Schöpfungsordnung meint, wenn er erwähnt, *alles nach seiner Art*. Hier im Paradies bleibt keine Zeit, dies allgemeinverständlich aufzuschlüsseln, nur noch so viel, es kommen in Wahrheit mehrere Geschlechter zur Ausprägung, allerdings bei uns Menschen nur zwei, eben männlich oder weiblich. Dennoch sind neben dem Geschlecht, welches sich immer phänotypisch darstellt, auch alle angelegten genetischen Ausprägungen möglich. Nicht sichtbare, also nur genotypische Erbanlagen sind keine Entschuldigung für Verhaltensweisen und oder Vorlieben, welche uns beeinflussen.

Im Paradies der Erde war so ziemlich viel anders, so anders, dass wir es heute für unmöglich erachten. Wir erfahren, dass alle Bäume zur Nahrung dienten, neben Kraut und allerlei Grün, also ausschließlich Pflanzen und deren Samen und Früchte waren als *natürliches* Nahrungsmittel vorgesehen. Nur so ist auch zu verstehen, dass Sterben durch Blutvergießen hätte vermeidbar sein können. Gott spricht über einen Garten wie von einer Örtlichkeit, die in Eden im Osten gepflanzt wird. Da wir nun aber wissen, dass das Paradies nicht örtlich gemeint war und auch ein Garten selbst im materiellen Sinn nicht gepflanzt wird, sondern eben durch Pflanzen erst zum Garten wird, bedeutet „der Osten“ die Frühzeit des Menschen, eben der Beginn der Zeiten, in welchen diese Lebensbedingungen eingerichtet waren.

Der zentrale Punkt, also der Baum des Lebens, meint den Aufgang alles Lebenden in dieser paradiesischen Heilszeit.

Selbstredend wusste der Schöpfer, was kommen wird, er kennt seine Engel, er kennt seine Menschen, er kennt die Problematik mit der Willensfreiheit. So spricht er auch durch Mose zu uns und erzählt davon mithilfe des Bildes eines Garten Eden. Er spricht über diese natürlichen Bäume im Paradies, aber auch weit darüber hinaus von einer Mitte des Gartens.

Diese Mitte wird also für den Menschen der zentrale Punkt im Leben sein. Gott sagt uns, damals schon lässt er es zu, dieses Herauswachsen unseres Lebensmittelpunktes. Bildlich also nun zentral, der Beginn alles Lebendigen, als Baum des Lebens. Mit dem Baum der Erkenntnis vervollständigt sich das Bild, schließt eben auch unseren geistigen Beginn mit ein. Der Baum der Erkenntnis des Guten und Bösen steht dort nun bildlich für die uns gegebene geistige Persönlichkeit, eben als unser Mittelpunkt. Beides hängt zusammen in der begonnenen Heilszeit „Mensch", Gott gründet auf seinen Schöpfungsentschluss ohne Wenn und Aber. Er umschreibt unseren zentralen Punkt daher von sich aus gesehen, durch seine Gerechtigkeit und das nötige Festhalten am nun mal gesetzten Ratschluss für die gesamte Schöpfung. Daraus folgt, dass er eben dieses Herauswachsen unserer Willensstärke als verhängnisvolle Erkenntnis von Gut und Böse und daher das Aufkommen des Negativen, welches damit einhergeht, zulässt. Er lässt aber eben nicht das Böse selbst herauswachsen, sondern „nur" unsere Willensfreiheit. Dieses Wollen dann größer und mächtiger als gut, zudem beeinflusst von außen, wächst eben über unsere eigenen Köpfe hinaus und entfaltet sich … folgenschwer!

KAPITEL 35

Hin und her durch alle Welten soll unserer Freude gelten

Leser meiner Publizierung sind strapaziert Blickwinkel zu erachten, welche tief vergraben unter religiösen und wissenschaftlichen Verkrustungen verschollen sind! Im Startplan meiner Reise habe ich bereits gefordert, gewohnte Denkmuster nicht mitzunehmen, sondern nur Offenheit im Gepäck für das Gelingen dieser Reise einzupacken. Allein so, habe ich versprochen, wird diese fantastische Reise Freude machen und Genuss von fremden Köstlichkeiten erlauben.

Warum sonst sollte man reisen, frei nach „*Urian*"?

„*Wenn jemand eine Reise tut, so kann er was erzählen*", denn nur dann, „*Dann hat er gar nicht übel dran getan*", wenn er erzählt, von dem, was er durch das Reisen in den fremden Welten erkannte; „*Gerade so wie wir*", dieses menschliche scheinbar Essenzielle, unser hausgemachtes Fehlen.

Wir, also die Menschen, wegen unseres als *narrenhaft* bezeichneten Strebens zum Höchsten, fallen eben doch tief. Herausgefunden all dieses durch die Bereitschaft zum Reisen, will sagen, beim Hinüberschauen über den eigenen Horizont. Geistige Offenheit setzt voraus, nicht voreingenommen zu starten, um den Teufel selbst als den unliebsamen Gast zu treffen. Des Teufels Insufflieren in uns, was genau *diesen* Menschen, den *Urian* bewirkt, wenn er uns voreingenommen hat. Erkannt aber und mit harter *Faust* herausgebeten, ist er eben dann nicht länger unser Gast. Dieser Teufel in uns, der immer auf dem größten Haufen sitzen will, als Besitzer der Eitelkeit.

Ja, liebe Leser, der Teufel ist die listige Schlange des Einschleichens. Dieser Teufel aber ist nur Gast, wenn wir ihn bewirten und hereinlassen in unseren Garten!

Da jetzt der Reiseleiter autorenrechtlich beim Lieder-Reim eine Pause verordnet, bitte ich zur Erholung einen kurzen Abspann im Sinnlichen!

Wie die Überschrift schon sagt, hab ich mich nun dran gewagt,
lehn mich weit aus meinem Fenster, hab den Kummer weggejagt.
Scheuch sie auf, die Gespenster, manchem wird es gar zu bunt,
denkt, ich wär nicht ganz gesund, sei getrost, ich geb nur kund.

Zur Lockerung der Textpassagen,
wollt ich mich ans Reimen wagen,
und zum Genuss, höre ich mich klagen,
muss wohl der Vers auch Sinn mittragen.
Schimmert dieser hell heraus, wird es auch zum Augenschmaus!
Und im Herzen wird es wärmer, macht dem Murren den Garaus!

Denk ich an Hiob, seine Freunde, still stochern nach dem Grund,
sitzen würdig ohne Zeit im Kreise, doch noch größer ist die Rund'.
Unsichtbar der Teufel lauert,
Hiob nur in sich gekauert!
Die Freunde reden nacheinander, Rat in lyrischem Gewand,
schwer betroffen Hiob jammert, Tag um Tag treibt's ihn zum Rand.

Ich lese von Gerechtigkeit, denk an Israel und Gnade,
oh, was ist's, was sticht's mich eben in der Wade?
Hab ich was Wichtiges vergessen oder nur krumm hier gesessen?
Bin ich im Buch beim Garten Eden gar zu verwegen, zu vermessen?
Doch ganz sicher bin ich, so sicher wie noch nie,
damals dort im Anfang, weiß ich, war wirklich alles Poesie!

Klar und auch offensichtlich, wenn ich's selber lesen muss,
liegt der Wortlaut auf der Seele dem Leser etwa zum Verdruss?
Frag mich, was Adam nur gegessen, wie hat Gott es denn gemeint,
ist der Adam denn der Liebe und der Hoffnung gar ein Feind?

Mein Zeigefinger auf dem Tablet,
wie fließt der Sinn der Tastatur,
vom Geist hinein nur durch mein Sitzen,
denk ich, oder hoff ich nur?
Im Sinnen von den vielen Bäumen
fang ich wieder an zu träumen,
fahr hin und her nur in Gedanken,
will nicht wanken, nicht versäumen.

Der Titel des Schreibens dreht sich um Recht,
des Gottes und der Weltlichkeit,
es soll doch aber niemand drängen
ab von seiner Wirklichkeit.
Wir alle sind bloß eingebunden
in dem Hier und in dem Jetzt,
verläuft die Zeit nur nach Gesetztem,
muss ja niemand sein gehetzt!

Ist es denn einfach nur versprochen,
auf was nun sollen wir hier pochen,
ist es Gott, der uns verwirrt,
oder haben wir uns nur gerirrt?
Ist es denn die Eigenheit, die so laut im Inneren schreit?
Es ist Frust, und es ist Wut, dieser Gegenpart von Gut,
wenn die Seele eisig scheint!

Sinn im Fluss, so könnt man denken,
kann bestimmt Gedanken lenken.
Springen, schnelles, durch die Zeiten,
durch die Welten, durch die Weiten,
halten punktuell nur fest,
suchen weiter durchs Erleben,
soll'n sie doch nach Wahrheit streben,
nicht am Selbst so feste kleben.

Wie lang soll solch ein Reimen währen,
wird mir Gott denn Zeit gewähren?
Was soll der Vers entsprechend wähnen,
Schweres, Leichtes, lyrisch nähren?
Sicher ist es bis zum Schluss,
dass er Liebe, Gnade, Freude
und auch Frieden bringen muss!
Sonst wäre all das Mühen, all das Flehen,
unser Leben kein Genuss.

Gott selbst sagt, ihr sollt genießen,
lässt zusammen Freude fließen!
Deshalb zeigt er uns sein Recht,
zeigt die Wahrheit nur gerecht.
Jeden Tag aufs Neue wieder, neue Gnade, neues Tun,
macht ganz sicher uns nicht nieder, lässt uns in sich gerne ruh'n.

Auf dass wir alle alles wagen, schenkt er uns Freimütigkeit,
er schenkt uns jedem seine Liebe, gibt uns Kraft und trägt uns weit.
Darum stellt er sich zum Schutze vor uns, hilft vor Welten Schmutz,
trennt, wo Trennung nötig, macht er auch noch Frühjahrsputz.

Verspricht uns mit dem Regenbogen,
denn nur er hat uns noch nie belogen.
Füllt mit Wahrheit, vertreibt Sorgen,
glättet jeden neuen Morgen.
Bereitet auch für uns die Einsicht, die seine Gerechtigkeit erfüllt,
Gnade, Hoffnung auf ein Ewig, nicht verworfen und verknüllt.

Erzählt er uns von seinem Himmel, führt zurück ins Paradies,
setzt uns wieder wie die Kinder zu sich hin, Mensch, du, genieß!
Ich bin's, euer guter Heiland, hab den Schuldenberg getilgt,
Sühnung durch Gerechtigkeit ist schon lang durch mich erfüllt!

Nun gut oder nicht gut … aber stellt sich die Frage überhaupt, müssen wir immer urteilen, beurteilen und verurteilen, braucht es immer unserer Weisheit letzten Schluss? Wir sollen doch aus dem Paradiesgedanken mitnehmen, dass wir nur unbedarft genießen können, dass Gott uns eben so liebt und uns Heimat gibt.

„Wie süßer Lieder Reim tönt's an mein lauschend Ohr, du bist heut näher heim, o Herz, als je zuvor.“

Hoffentlich konnte der Klangwechsel auch ein wenig zur Entspannung beitragen, aber es war ein bewusstes Wechseln des Werkzeugs.

Immer wieder, wenn ich an Hiob denke, finde ich es aufregend, dass damals die Sprachentwicklung auf einem so hohen Niveau Normalität war. Dass neben der bloßen Sinnübermittlung auch durch Reim und Rhythmus und ohne einander zu unterbrechen, Kommunikation stattfand. Lyrischer Monolog als Selbstoffenbarung, Reflexion und Konfliktlösung in einer Ansprache. Heute sind solche Unterhaltungen mit unserer Hektik in der Sprache kaum denkbar.

Aber los, liebe Leser dieses Buches, Koffer packen, Unnötiges und Störendes nicht einpacken, locker vom Hocker aufstehen und mit mir nochmals zum Paradies ins erste Jahr der Menschheitsgeschichte.

KAPITEL 36

Nur vorgeschichtlich oder doch auch nachzuforschlich

Unglaublich, wie viel Information Gott in Textform vermittelt, was uns alles aus ein paar wenigen Sätzen offenbar werden kann, in denen wir vom Paradies erfahren. Obgleich erst bei den Bäumen wird bereits der Zusammenhang ersichtlich und fordert weiterzulesen, mehr zu erfahren.

Spannend ist aber, dass alles, was davon unwahrscheinlich aus der Dunkelheit scheint, eben im Licht nicht nur wahrscheinlich wird, sondern darüber hinaus Wahrheit ist. Überprüfbar durch Wissen am Beispiel der Genetik, die uns heute offenerliegt als jemals zuvor. Denn „die mitochondriale Eva" ist wissenschaftliche Arbeit, ein Begriff aus der Archäogenetik, aus einem Buch des Lebens, das Gott selbst geschrieben hat. Nicht fest stofflich mit Tinte oder Grafit, nein, mit Desoxyribonukleinsäure!

Viele Kapitel, früher führte die Reise in die Ebene der Schöpfung, zeigten schon die Entstehung der unterschiedlich aufgebauten Nukleinsäuren. Die Erbinformationen sind bei allen Lebewesen in allen Zellen mechanisch gegliedert und chemisch eingeschrieben, eben die DNA.

***D**as **N**ur **A**ufgeschoben und nicht aufgehoben … später mehr dazu.*

Wie war das nun mit dem Baum der Erkenntnis von Gut und Böse, das schon für Adam und Eva so zentral wichtig war, dass diese den wirklich wichtigen und zentralen Sinn der Schöpfung, das Leben selbst, zu opfern bereit waren?

Dass der Paradies-Garten eine Zeit bildlich darstellt, die von anderen Zeiten abgrenzt, haben wir verstanden. Wir fragen uns nun, inwieweit diese Abgrenzung auch bezüglich der Möglichkeit des direkten sprachlichen Einflusses des sogenannten Teufels wirkt. Das Dämonische trifft uns heute ja nur indirekt, resultiert eben aus dessen bloßem Anklagen heraus, seiner Reflexion.

Im Paradies ohne Tod und ohne Schuld greift der Teufel auch metamorphisch ein, beeinflusst direkt. Jedes Geistwesen ist in der Lage zur Verständigung, auch Menschen selbst nutzen, wie bereits ausgeführt, die geistige Sprache zur Kommunikation. Die Dynamik neuronaler Aktivität war offensichtlich so sehr ausgeprägt, dass sowohl das Senden als auch das Empfangen der Information eine bewusste Aktivität, eben die Geist-zu-Geist-Kommunikation, völlig normal war.

Die Passage aus der paradiesischen Unsterblichkeit der jungen Schöpfung heraus zum Sterblichen hin ist schwierig zu beschreiben.

Heute empfinden wir das, was sich änderte, nicht als Wirklichkeit.

Dennoch zeige ich den Zusammenhang, der eindeutig ist und auch heute noch geschürt wird. Es ist die Begierde des Fleisches, die Lust der Augen und der Hochmut des Lebens. Diese drei Gefühle, Gott weiß es, führen zu nichts Gutem, und daher hat er verboten, diese drei „guten" Dinge zu kosten. Das Verkosten, also das Zulassen aller Verlockungen, ist des Todes Anfang. Es ist die Arbeitsweise des Teufels, den Menschen in die Falle tappen zu lassen, scheinbar lügen zu müssen. Lügen aus der Scham heraus, dem trügerischen Gefühl aufgesessen zu sein, zugeben zu müssen, einzugestehen, dass wir genau das wollen, was uns eben nicht zusteht. Durch das Infragestellen von Gerechtigkeit und Verbreitung von Halbwahrheiten werden Gefühle geweckt. Es ist immer das Gleiche, wir sehen es an den Konflikten in der gesamten Welt.

Heute ist „diese" nonverbale Kommunikation wieder rund um die Erde ganz normal. Sogar in Gleichzeitigkeit wurde weltweite Information standardisiert und führt zur Zuspitzung des Grundproblems. Unser Verlangen, nach dem, was wir sehen, auch zu greifen, genauso wie den Hochmut des Lebens in Besitz zu haben. Beides ist keinesfalls nur auf Materielles begrenzt, das wissen wir. Der Baum der Erkenntnis zeigt auf und symbolisiert, dass es Hochmut ist, über Erkenntnis zu verfügen, um das Wissen als Macht zu nutzen.

Gott zählt dem Menschen bereits damals die Folgen daraus auf und bezeichnet dies mit einem Fluch. Der Fluch der Mühsal, der quasi alles Gute überlagern wird. Gott in seiner Anwesenheit in dieser Kühle des „Tages der Betroffenheit“ erklärt, dass eben ab nun der Tod unausweichlich ist, ab nun fortwährend und zugreifend wirkt. Schon beim Genuss des Fleisches wird Sterben nötig; da es auch leichter und schneller sättigt, gut schmeckt und sehr einfach zu haben ist, wurde der Ratschluss Gottes willentlich übergangen.

Uns Menschen ist damals bereits prophezeit, dass wir nicht nur tarnen, tricksen und täuschen werden, um unsere eigenen Projekte erfolgreich zu managen. Selbst unsere Mutwilligkeit wird böse werden und über das Rauben hin zum Morden eskalieren, was bereits in der zweiten Generation Mensch festzustellen war.

Davor war ja unser Wille zum Mut nur positiv, ohne die Gier! Aber *„wenn der Teufel nicht wäre“*, so meinen wir und haben dadurch wieder die eigene Schuld einfach abgedrückt, auf andere hin manipuliert. Denn es ist unser Zulassen, unser willentlich bewusstes Zulassen, wenn es uns zwickt, wir uns auch erlauben zuzugreifen, die verbotenen Früchte des Begehrens eben zu erhaschen. Dafür nehmen wir alle Scham in Kauf, stellen uns einer auf den Fuß folgenden Anklage zornig entgegen.

Ja sogar in Vorzeitigkeit erkennen wir unser Tun und verhärten deshalb unser Herz.

So weit erst mal zu dem verlorenen Paradies, welches Adam und Eva verworfen haben. Wir wissen nun, warum unser körperliches Leben von der Gemeinschaft mit Gott abgetrennt werden musste. Wir verstehen nun, dass die Cherubim mit Flammen und zuckenden Schwertern den Zugang zum Göttlichen, eben wegen unseres Fehlens, begrenzen. Wir können erahnen, warum die Allwissenheit des göttlichen Geistes nicht weiterhin paradiesisch offen zugänglich sein konnte.

Wir wissen jetzt genau, der Mensch würde mitsamt seinem Wesen vergehen, könnte nicht bestehen vor der göttlichen Wahrheit und einer völligen Gerechtigkeit im Lichte Gottes.

KAPITEL 37

Vielschichtig, dennoch einsichtig

Geistige und körperliche Ebene treten immer in Interaktion, heute kann man verifizierbar nachweisen, dass Geistiges und Körperliches in vieler Weise interagieren muss, um Bewusstsein zu schaffen. Wir wissen daher auch von körperlichen Ausprägungen, welche durch geistige Doktrinierung gestört, gestützt oder gefördert werden.

Um eine Basis des Gefühls durch geistigen Impuls mit chemischen Rezeptoren und physikalischer Erwirkung zu verbinden, braucht es Koordination. Ein Ergebnis erreicht sich eben nicht zufällig und schon gar nicht durch dessen Orientierung nach unten. Der Aufbau, die Ausprägung als Verbund und die Erneuerung jeder einzelnen Zelle im Organismus sind ein vollumfänglicher Prozess.

Als Unterbruch zeige ich grob am Beispiel einer einfachen weltlichen Filmproduktion auf, was ich mit nötiger Umfänglichkeit meine. Dieses artfremde Beispiel macht deutlich, dass die nötige Kette in sich selbst und eigenständig keine Koordinationsmöglichkeit hat. Das Ergebnis aber selbstredend von jedem einzelnen Kettenglied tangiert wird, jedoch umgekehrt vor seinem Bestehen keinen Einfluss abgeben kann. Neben einem *Produzenten* sind *Promoter, Administrator, Director, Supervisor, Artmanager, Grafikdesigner, Illustrator, Szenenbildner, Locationscout, Bühnenbildner, Kulissenplastiker, Requisite, Requisitenfahrer, Bühnenbaumeister, Kostümbildner, Garderobier, Maskenbildner, Kamera, Bildgestaltung, Kameraoperateur, Beleuchtung, Musikkomponist, Tongestaltung, Geräuschemacher; Synchronsprecher, Dialog, Schnitt, Montage, Editor, Colorist, Supervisor, Compositor, Animator, Stunt Coordinator* in Aktion. Die Menge der beteiligten Schalt- und Waltstellen, aber auch Schnittstellen zeigt auf, wie koordiniert und konditioniert eine Zielführung ist. Wir können uns vorstellen, dass wenn diese alle nur zufällig aufeinandertreffen, keine Produktion zustande kommt. Regieplan ist nötig, dass überhaupt alle Beteiligten am rechten Ort zur rechten Zeit anwesend sind, um nahtlos ineinandergreifen und zielführend sein zu können. Zudem fehlen im Vorfeld dieser von mir aufgeführten Kette, um zum Stab zu werden, noch die *Finanzierung*, eine von *Autoren* gefasste *Geschichte*, das *Drehbuch* sowie die *Darsteller*, die *Protagonisten* und die *Statisten*. Das Wichtigste aber: Um die Kette in ihrer Existenz überhaupt nur Realität werden zu lassen, braucht es auch den *Konsumenten*!

Jawohl, weit hergeholt, dieser weltliche Vergleich, der aber aufzeigt, dass beim Menschen anders als bei Gott in einer Produktion Gerechtigkeit keine Rolle spielt.

Doch kommen wir nach diesem Gedanken-Drift an dieser Stelle zurück zur Genetik, denn die Gerechtigkeit wirkt auch dort bereits in jeder Zelle spezifisch, keine Teilung kommt daran vorbei. Wenn dieses gerechte Teilen verfehlt wird, braucht es humorale Abwehr, oder zytotoxische Zellen müssen durch Enzyme eingreifen und richten. Zudem zielt die folgende Passage auch darauf hin, wie es möglich war, dass Adam 930 Jahre alt werden konnte. In Kap. 40 am Schluss des Buches muss dies ja noch aufgezeigt werden. Daher ist es wichtig anzuschneiden, wie programmiert in etwa die Systematik der Zellerneuerung im lebenden Organismus abläuft.

Nur im Anriss und nicht annähernd wissenschaftlich versuche ich kurz, die Funktion zu erläutern, um einen Überblick zu schaffen. Die DNA ist die Schlüsselkomponente jedes biologischen Systems, mit ihr ist chemisch und universell ein genetischer Code gespeichert. Als eine Abfolge von Nukleotidbausteinen, welche den Bauplan für die Produktion der Eiweißmoleküle enthalten, sodass diese wiederum in der Zelle alle möglichen biologischen Funktionen übernehmen.

Sowohl DNA, aber auch die Vervielfältigungen der RNA verwenden einen chemischen Code von vier Buchstaben, um die

Information zu speichern und zu exprimieren. Diese Sprache, also der eingelesene Code, ist auf Sender und Empfängerseite fix, muss logisch und verständlich als Funktion ausführbar übersetzt werden.

Ein jedes RNA-Molekül enthält deshalb eine derart strukturierte Aminosäure-Bindungsstelle, dass daran nur jene Aminosäure gebunden wird, die ihrer „Übersetzungssequenz“ nach dem genetischen Code entspricht.

Jeder einzelne Zellkern im Menschen enthält 46 Chromosomen, deren DNA-Ketten aneinandergereiht eine Länge von zwei Metern hätten.

Vererbung nun sehr vereinfacht dargestellt, aber mit dem Wissen des *gerechten* Aufteilens beider Eltern durch das Aufschließen der mittig mit Wasserstoffbrücken verbundenen Chromosomenpaare zu einem jeweils neuen Paar im Nachkommen.

Bildlich dargestellt mit einem autosomalen Paar anstatt den 22 Chromosomenpaaren und dem 23. Paar die Geschlechtschromosomen, hier symbolisch zur besseren Übersicht an den Anfang gestellt, sieht das so aus:

Vater (XY) (AA) + 21 weitere Chromosomen-Paare
Mutter (xx) (aa) + 21 weitere Chromosomen-Paare

Daraus vererben die Informationen parallel wirkend in fortlaufender Folge als (xY) (aA) der Sohn und dann eben wieder (xX) (aA) die Tochter.

Symbolisch nun vervollständigt und mithilfe der Groß/Kleinschreibung ist der Erbgang auf das jeweilige elterliche Geschlecht rückführbar.

xY-Aa-bB-Cc-dD-Ee-fF-Gg-hH-Ii-jJ-Kk-usw. bis 23;
xX-Aa-bB-Cc-dD-Ee-fF-Gg-hH-Ii-jJ-Kk-usw. bis 23.

Wir sehen also eine ziemliche Kette, aber müssen uns auch vorstellen, dass jedes hier nur als einzelner Buchstabe dargestellte Chromosom jeweils Hunderte bis Tausende unterschiedliche Gensequenzen enthält.

Wir erachten zudem, dass diese paarweise angeordnet immer das gleiche Gen väterlicherseits/mütterlicherseits spiegeln.

Wir erkennen also, dass unsere jeweilige DNA-Zusammensetzung ziemlich einmalig ist, denn sie entstammt zu je fünfzig Prozent von jedem Elternteil, welche wiederum jeweils die Hälfte ihrer Gene von ihren beiden Eltern geerbt hatten und so weiter.

Es ergibt sich eine unendlich scheinende Informationsflut, und auch am geschlechtsgebundenen Erbgang hängen neben dem Geschlecht viele weitere Erbinformationen, wie auch auf den autosomen Erbgängen Informationen zur Entwicklung von geschlechtlicher Ausprägung mitwirkend sind. Selbst ein intermediärer Erbgang bei der Frau ist gegeben, wenn zwei dominante Genvarianten auf ihrem geschlechtsgebundenen Chromosomenpaar zusammentreffen. Rezessive Erbanlagen werden nur dann zur Merkmalausprägung, wenn diese doppelfaktorig vererbt werden.

Der Finger Gottes weist auch hier wie bereits angedeutet auf seinen Humor. Er stellt seine uns unfassbare Größe und Vielfältigkeit, seine Prädikate mit unendlich scheinenden Aspekten im Kleinsten dar. Die Maschinerie der Genetik mit ebenso schier unendlich möglichen Informationssequenzen bildet das Spiegelbild durch eben die Wirkung jedes einzelnen Aspektes.

Gott erlaubt uns heute zu wissen, dass bei der Gattung Vögel nur aus einer geschaffenen Eva der Adam möglich gewesen wäre. Der Sexus hängt dort am Weiblichen, an der Henne.

Bei Reptilien und Amphibien wird das Geschlecht zudem nochmals ganz anders festgelegt, wird sogar extern durch Temperatur gesteuert und kann beispielsweise bei niederen Tieren auch von geschlechtslos bis androgyn in vier Erscheinungsformen auftreten und sich sogar nach dem Auftreten auch wieder umwandeln.

KAPITEL 38

Ist Determination überhaupt unendlich?

Wie ist es also bei uns Menschen mit der Geschlechtlichkeit, sind denn vom Schöpfer durch diese scheinbar unendliche Einwirkungskette ebenso viele mögliche Variationen zur Ausprägung in unserem Sexus geplant?

Es scheint fast so, als ob mehr als vier Ausprägungen: männlich, weiblich, divers und ohne Angabe, in Gottes Sinn wären oder gar auch noch zwei weitere Merkmale rechtens sein sollten.

Es ist in Wahrheit aber nicht so, dass intersexuell und *offene* Sexualität *für* irgendwie *alles* genetisch fixiert sind und daher vom Schöpfer als unterstützt gelten. Nur weil der Mensch annimmt, sein Geschlecht sei für seine Vorlieben unumgänglich und daher eigenverantwortlich, wird dies nicht automatisch zum Fakt.

So stellen wir uns nur unmündig hinter die Natur, wo doch unser Geist, also wir selbst, das ICH des Adam, über diese von Gott geschenkte Natürlichkeit bestimmen soll. Unser Geist also muss verfügen, zuerst über unseren Willen und so über den Körper! Dass dies funktioniert, sehen wir, ja wir erkennen es ständig, unser *Willi* ist es, der aufheizt und in uns kocht, wenn ich hier die Chemie der Dinge substanziell anspreche.

Über andere Menschen zu verfügen fällt uns leicht, dies fanden manche Generationen sogar für angebracht, aber über uns selbst, da winken wir ab! Wenn wir uns um das Recht drehen, müssen wir uns der Pflicht beugen. Im Zusammenhang mit dem Regenbogen hatte ich ausführlich auf entsprechende Pflichten verwiesen.

Welche Geschlechtsdetermination sollten wir denn in uns, neben den festen primären Merkmalen, anfeuern? Wenn uns die Entwicklung von sekundären Geschlechtsmerkmalen zu langsam oder zu schnell, zu stark oder zu gering erscheint. Wenn doch sogar die tertiären Erscheinungen einer natürlichen Geschlechtsreife vorauseilen oder hinterherhinken.

Wir lassen Erwartungshaltungen zu, wegen derer sich junge Menschen enttäuscht vom eigenen Körper abwenden. Wir als Gesellschaft verachten dadurch jede Fürsorgepflicht, wenn wir die uns Anvertrauten visionär und visuell in unmögliche Konfliktsituationen bringen, bis diese ihre Körperlichkeit anklagen. Wir wissen doch schon längst, dass Pubertät für die Psyche weit belastender ist als für den Körper, der scheinbaren körperlichen Ausreifung kommt die psychische Reife hinterher. Es sind doch immer noch Kinder, Unmündige, die nur erwachsen aussehen, aber dies ist das Hauptproblem, selbst denken, bereits erwachsen und reif wirken zu müssen.

Verantwortlich für diese Entwicklung, wer wird das sein? Das Internet, die Werbung, die Wirtschaft, unser Schulsystem? Sicher doch nur die Gesellschaft als Ganzes! Hatte also einst Sodom und Gomorrha nur eine punktuelle exemplarische Bedeutung, oder kommt auf uns heute generell Offenbartes vernichtend zu?

Viele Fragen, aber bitte versuchen wir zusammen, die Antworten zu finden und leiten diese wieder gerecht aus logischen und kausalen Zusammenhängen ab, es besteht immer eine Ursache-Wirkungs-Beziehung.

Denken wir an unsere Ernährung, an den Input von biologischer, aber eben auch von geistiger Nahrung.

Proteine sind essenzielle Bausteine in der Natur. Ohne diese wäre kein Leben möglich. Ohne Proteine keine Fotosynthese, keine Zellatmung oder Zellproliferation, die sich in Zellteilung und Zellwachstum äußert.

Nahrung im Paradies zum Beispiel, ja, das hört sich für unsere Ohren ungewöhnlich an, dass Löwen Gras fressen. Menschen, die zu Vegetariern werden, kennen wir gar viele, selbst Veganer gibt es heute. Es ist nun einmal Religion, Ernährung zum Reglement zu machen, anstatt mit allem mit Maß und Ziel genussvoll umzugehen und auch bewusst hauszuhalten.

Dass sich Tiere in ihrer Nahrung umstellen, ist uns kaum denkbar, wobei hier die Nahrungsmittelindustrie bereits viel Schindluder getrieben hat, denken wir an das *Creutz* im *Feldt* des *Jakob*!

Oder denken wir an völlig überzogene, leistungssteigernde Sportler-Ernährung und deren gesetzliche Abgrenzung. Erachten wir also die Maßnahmen zur Leistungssteigerung als verboten, welche wir mit „Doping" bezeichnen.

Solche Substanzklassen sind deshalb als strafbar aufgelistet, weil wir wissen, dass diese Schaden verursachen. Hormonelle Substanzen, der Wirkungsweise des männlichen Geschlechtshormons Testosteron nahestehend, beeinflussen den Muskelaufbau unnatürlich und entgegen der Geschlechtsdetermination.

Wir wissen heute, dass Hormone wie ein Schlüssel zum Rezeptor an der Zellmembran, dem Schloss, passen und nutzen daher auch Hormone gezielt zur Manipulation, weil wir erkennen, dass nach der Bindung vom Hormon am Rezeptor in der Zelle eine Wirkung erfolgt.

Denken wir also an unsere Wissenschaft und Forschung. Der Mensch betreibt genetisches Code Engineering und sieht die Herstellung synthetischer Proteine und den Einbau künstlicher Aminosäuren in Proteine als genetischer Code 2.0 mit der Überzeugung, vorhandene Eigenschaften gezielt verbessern zu können. Gott sieht uns darin so ziemlich auf der Spitze des Turmbaus zu Babylon angekommen.

Dies alles begreift die Thematik Determination, darüber hinaus aber gilt es auch an den Dopplereffekt des geistigen Einflusses zu denken. Wir wissen beispielsweise vom Placeboeffekt und seiner Wirklichkeit. So wie Hormone spezifisch dynamisieren, erreicht genauso auch unsere Vorstellung auf der Basis von unserem Glaubhaften, eben durch unser daran Festhalten, eine Dynamisierung. Besonders wirkungsvoll, wenn Gefühle auf der einen Seite drängen und dazu auf der anderen Seite auch das „Wollen" in die gleiche Richtung zieht. Dadurch werden Vorstellungen gefestigt und führen zur Manifestation von sexuellen Vorlieben. Dies kann leicht in übertriebene, also abnorme Verhaltensweisen ausufern. Das ist nicht wirklich natürlich und keinesfalls gesund. Zudem kann sexuelle Übertriebenheit auch zur Sucht werden und wie alle Süchte großen Schaden anrichten. Besonders wenn Praktiken nach außen reflektiert und öffentlich gemacht werden, was dem Begriff „intim“ bereits entgegensteht. Sexuelle Nähe kann nur zwischen Vertrauten und eng Verbundenen funktionieren, ohne Schaden an den Beteiligten zu hinterlassen. Intimität ist eben ein Zustand tiefster Vertrautheit und erfordert daher die Intimsphäre, also die Abwesenheit von allen anderen.

Um überhaupt wirklich tiefe Intimität erleben zu können, ist selbst die Abwesenheit von Erwartungsaktivität erforderlich. Darauf weiter einzugehen ist schwierig, denn Betroffene werden keine Einsicht dazu haben wollen, bis durch schmerzliches Erwachen die Einbahnstraße eben als Sackgasse erkannt wird.

Dennoch muss gesagt sein, es sind eben nicht nur Schäden an eigener selbstbestimmter Person, ich verweise lapidar und flapsig an Skandale wie *„Vaticanus interruptus“* oder die schreckliche sexuelle Gewalt gegen kleinste Kinder, herausspringend und übergreifend mit dem Internet.

Nein, nicht wegschauen, weiterlesen, es tut eben weh, unser Selbstverwirklichungswahn. Sogar die „liebe“ *Liebe*, die aus der Seele heraus in die Herzensnähe greift, vergreift sich öfter, wie wir wahrhaben wollen, Fürsorge-übertroffen. Diese Herzensliebe ist dann, von seelisch überlagerter Liebe, teuflischer körperlicher Missbrauch, denn auch der Teufel liebt!

Wir können nichts mehr rückgängig machen, die Zeit läuft nur in eine Richtung, wir dürfen bloß noch Verletzungen bedauern oder betrauern.

„Placebo Domino in regione vivorum“, so trauerten religiöse Angehörige um Verstorbene, es gab aber viele Heuchler. *„Ich will dem Herrn gefallen im Land der Lebenden.“* Wegen dieser nur zum Schein Trauernden wurde das Wort Placebo für die Scheinmedikamentation verwendet.

In Wahrheit ist „Placebo“ aber mit „ich werde gefallen, angenehm sein“ zu übersetzen.

Der Geist Gottes sagt es uns so: *„Unter den Lebenden werde ich dem Herrn gefällig sein“*, und meint damit, um Gott angenehm sein zu können, müssen wir uns selbst geistig absondern vom Lebendigen, also gerade nicht dem Mainstream folgen, und wir müssen uns selbst auf den Prüfstand stellen.

Genau dieser Sinn trifft im Besonderen auf dieses in den Medien propagierte übersexualisierte Verhalten. Die Meinung, „je mehr Sex, desto lebendiger“ ist ein Irrglauben, tut uns nicht gut und gefällt unserem Schöpfer keinesfalls. Vor allem unser vermeintliches *Selbstverwirklichungsrecht* schmilzt im Lichte Gottes zur jämmerlichen Lache eines Ausflusses von Recht und Gesetz.

KAPITEL 39

Kontrast oder Programm

Im Paradies, als Adam aus seiner Narkose erwachte und seine Frau, Eva, zur Seite gestellt bekam, stand der Ratschluss Gottes lange schon felsenfest.

„Darum wird ein Mann Vater und Mutter verlassen und seiner Frau anhängen; und die zwei werden ein Fleisch sein.“

Gott wusste im Voraus, dass eine Ehe nur so Bestand haben kann.

Die Scheidungsraten sind skandalös, also von Bestand kann keine Rede sein, oder wie sehen die „natürlichen“ Menschen dieses überhaupt, mit dem *zu zweit eins sein*? Meint es etwa nur einig sein?

Hier wird wieder vieles missverstanden, aber warum gelten wir überhaupt vor Gott als mentale Einheit?

Die Ehe bewirkt, entsprechend einer Gesellschaft, gerechterweise auch ganzheitlich nur eine Persönlichkeit. Darum sprechen wir von einer Gütergemeinschaft, die ohne Eheversprechen lediglich eine Zugewinngemeinschaft sein darf.

Aber bei Gott geht es nicht um Materielles, er stellt auch nicht unsere Körperlichkeit unter Schutz, sondern er meint dies geistig.

Wir müssen partnerschaftlich gerecht teilen, denn unser beider Hundert-Prozent-Ego kann nicht auf zweihundert Prozent addiert werden, sondern wir müssen jeweils zu fünfzig Prozent von unserem Ego Anspruch ablassen, bewusst nachgiebig sein. Nur so in Gemeinschaft kann die entstandene Einheit des Ehepaares auch Persönlichkeit ausstrahlen. Um die Bindung gesund zu halten, muss die Paarbeziehung sogar egozentrisch sein und fest stehen. Allein so können sich beide Partner aneinander abstützen und einander entsprechen. Mehr als hundert Prozent Ego kann nicht passend gemacht werden, dann läuft einiges über oder klemmt gewaltig, bis es einen Verlierer gibt. Das einzelne persönliche Ego im Hinblick auf eine gerechte und funktionierende Zweisamkeit zurückzustufen funktioniert nur störungslos, wenn nichts von außerhalb in die Persönlichkeit der Ehe eingreift. Deshalb darf ein Ehemann auch nicht weiter mental an seinen Eltern anhängen. Er braucht ein eigenes Ego, sonst verliert er in Folge Attraktivität. Unbewusst ein Todesstoß für eine gesunde Ehe, die Gemeinschaft erkrankt, fällt in ein Siechtum, beide verletzen sich gegenseitig. Genauso, wenn die Ehefrau am erwachsenen Nachwuchs anhängen bleibt. Sie als Frau muss eben, wie der Mann, den vollen Geist für die Ehe festhalten. Die Ehe selbst also egozentrisch erhalten und als vordergründig erachten. Leider wissen dies die wenigsten oder wollen es nicht wahrhaben. Es ginge alles viel runder, wenn Gottes Ratschluss und die Gerechtigkeit bei uns im Vordergrund ständen. Gerecht geteilt als Paar muss ja auch die Gemeinsamkeit sein, jeder Einzelne hat am Tag aber nur vierundzwanzig Stunden zur Verfügung, wir sehen daher wieder mal, dass die Zeit Beweisführung betreibt. Also bitte, gerecht teilen ist schwer, wenn die Zeit gar schnell flieht und jede Individualität der Partner anderes für sich in der flüchtigen Zeit beansprucht. Auch daher eben zusammen nur hundert Prozent Ego, wir kommen nicht umhin, es bleibt selbst für ein Paar bei nur diesen vierundzwanzig Stunden. Diese *zwei werden eins sein* müssen, um ihr beider Ich wahrhaft gleichberechtigt zu füttern. Ganz unmöglich ist dies beim Menschen, das steht fest, wenn *„Ein paar“* mehr als zwei Individuen darstellt, dies kann nur geistlos, ohne wirklichen Anspruch auf ein Ich, also wie bei *„Vieh“* funktionieren. Wir können ja genügend Beispiele in der Geschichte vor Augen haben, wo die negativen Auswirkungen von anderen Formen der Partnerschaft beschrieben werden und wie es dadurch immer zu Verletzungen kam. Sind Beteiligte Gott, dem Herrn, direkt unterstellt, ist dann auch seine vollkommene Gerechtigkeit strapaziert, Gott daher zum Handeln genötigt.

Samuel im Besonderen erzählt davon, aber ich kann nun für dieses Buch keine konkreten Rückbezüge zu biblischen Personen herstellen, das sprengt den Rahmen. Doch ich stütze meine Aussagen voll und ganz mit Gottes allgemeinem Willen, zur vollumfänglichen Gerechtigkeit ab.

Die Logik behauptet also, dass Einheiten mit mehr als zwei mündigen Menschen sich niemals gerecht abwickeln lassen, denn unser Geist lässt sich nicht wie unsere Gene aufsplitten. Was physisch gerecht aufteilt, ohne Wenn und Aber automatisiert abgibt, ist eben bei der Psyche nicht möglich. Nur ein psychisches Gleichgewicht aber ist Gerechtigkeit.

Unsere menschliche Gesetzgebung hat hier den größten Kampf, Gerechtigkeit herzustellen, aber diese bleibt immer im Schatten des Gesetzes. Wenn Ehe zerbricht und Ansprüche nach Gerechtigkeit schreien, sehen wir nur Scherbenhaufen und zerstörte physische Existenz. Dies ist aber bloß die eine Seite, die offensichtliche, wie gesagt, und nicht des göttlichen Sinnens, höchstens des Teufels letzter Schluss. Dieser schürt meist körperlich wirkungsvoll, eben wegen der Scham der Sichtbarkeit.

Nein, Gottes Sinnen für uns ist rein geistiger Natur, und es dreht sich bei ihm darum, dass es überhaupt keine Verletzten auf dem geistigen Kampfplatz der Seele gäbe.

Verletzte also gibt es wirklich, wir sprechen uns diese zum Selbstschutz aber als selber schuldig. Doch wir dürfen gewiss sein, es wird letztendlich kein Geist in seiner Empörung zurückgelassen, sondern um völlige Gerechtigkeit wiederherzustellen, muss Genüge getan werden.

Die Zeit heilt alle Wunden, stimmt nur insofern, wenn wir von einem rein körperhaften Leben sprechen, mit dem Tod Exodus, Nirwana ... aber nein, wir haben ja Geist, und der ist ewiglich. Oder wer möchte denn dem dumpfen Körper das *Menschsein* absprechen, unseren Geist infrage stellen?

Wie im ersten Teil des Buches aufgezeigt, kann ja die Zeit nur mit Materiellem interagieren, Geist ist eben nicht von Zeit tangiert, denn in der rein geistigen Dimension ist Zeit nicht.

Kommen wir daher nochmals auf die Dimensionen zu sprechen.

Gott umschreibt eine Örtlichkeit im Irdischen nur mit Breite und Länge, die Höhe aber beschreibt unseren Blick zum Himmel. Also auch sichtbar innerhalb unserer Dreidimensionalität.

Mit dem Ausdruck der Tiefe bringt Gott nun ein weiteres Element hinzu, das materiell verborgen bleibt. Dies könnten wir als die rein geistige Dimension erachten, die eben niemals zu sichten wäre. Daher spricht Gott zu Hiob nur von der *Tiefe* als den *„Toren des Todes"* und nicht vom Tod selbst. So meint Gott den geistigen und nicht den körperlichen Übergang in das rein geistige ICH, welchen eben der Mensch nicht lebendig durchschreiten kann. Deshalb stellt er diese Dimension in einen Gegensatz zur räumlichen Tiefe, spricht dort von Quellen am Grund und bewusst nicht von der *Tiefe* des Meeresgrundes.

Wenn wir nun abstrakt-geistig von vier möglichen Dimensionen sprechen, welche den Ratschluss Gottes betreffen, sehen wir die Breite der Erde als die bloße Menge der Gläubigen von Ewigkeit zu Ewigkeit. Die Länge bezeichnet derer jeweilige irdische Zeit. Also den Bereich des Körperlichen, auf welchen die Zeit Wirkung hat.

Erst nach der Endlichkeit kann dann die Höhe als geistige Dimension erreichbar werden, welche den unsterblichen Geist aus dieser *Tiefe* des Todes vor den *„Toren des Todes"* retten kann.

Dieses nun wieder zurück auf unsere irdische Dimensionalität übertragen, dreht den Begriff Höhe zum Begriff Tiefe. Es ist eben nicht wirklich einfach vorstellbar und lässt sich nicht wie der Übergang aus der Eindimensionalität der Line in die Dimension zwei überführen. Da die unendliche Linie zur unendlichen Fläche aufgezogen ist und diese wiederum zum unendlichen Raum aufspannt, bleibt keine unberührte Richtung übrig.

Gerechtigkeit erlaubt kein Einschränken von Dimensionen, keine Dimension darf und kann bereits Dimensioniertes in Anspruch nehmen.

Daher lässt sich die Dreidimensionalität nicht in eine Dimension vier überführen. Die fehlende Begrenzung des Raumes in alle Richtungen gibt logischerweise überhaupt keine Freiheit dazu her. Ignorieren wir aber diese Belegung aller Koordinaten in Länge, Breite und Höhe und überführen dennoch ohne Weiteres diese dritte Dimension durch Aufziehen in die Tiefe, ergibt sich nur eine Zusammensetzung unendlich vieler, aber wiederum bloß dreidimensionaler Räume, basierend auf denselben Graphen. Wir könnten also lediglich bei einem begrenzten Tesserakt, welcher eben nur einen Würfel räumlich über diesen hinaus spiegelt, neue Graphen erschließen und benennen.

Das dürfen wir also getrost als vierte Dimension vergessen, es gibt keinen Hyperraum als vierte überräumliche Dimension, genau wie auch die Zeit keine vierte Dimension darstellt. Dies hatte ich am Anfang des Buches bereits logisch begründet aufgeführt.

Da wir nun eben durch die freie unbegrenzte Fortsetzung des bereits definierten Raums keinerlei Freiheit in irgendeine Richtung belegen können, kann sich diese vierte Dimension lediglich über jeden Null-Sphärenpunkt entgegengesetzt unserer aufgespannten Dimensionierung zurück in die Tiefe Gottes erschließen.

Dort sind wir dimensional weiterhin in Gott, aber direkt in seiner Fülle. Hier IST die rein geistige Dimension ohne Endlichkeit, da gänzlich ohne Materie. Ein einziges geistiges Universum in einer unendlichen und unbegrenzten Dimensionalität energetisch gefüllt. Es gleicht daher nicht dem Vakuum des Raumes, in welchen unser Universum geschöpft ist, auch als dieser weder Materie noch Strahlung oder Kraftfelder enthielt. Der implantierte Geist aus eben dieser Fülle Gottes, seiner Sphäre über die Dimension null, wirkt eben nur aus dieser geistigen Dimension heraus, das heißt, die „*vierte*"-Dimension überlagert unseren Raum überörtlich, ohne diesen zu tangieren!

Der dreidimensionale *Welt-Raum* also schützt erst vor der völligen Gerechtigkeit Gottes, lässt dem Unrecht überhaupt Raum, ähnlich wie die Erdatmosphäre vor der Strahlung des Alls schützt und so erst Leben ermöglicht.

Mithilfe dieser bildlichen Beschreibung erkennen wir gar wohl, dass diese sogenannte „vierte Dimension" bereits vor unserer Dreidimensionalität des Alls allgegenwärtig sein musste, und sind beim *Seienden* angelangt.

Schwarz auf weiß sehen wir diese Neutralität unseres Universums bezüglich einer Existenz von Unrecht nun innerhalb des gerechten Raumes in der vierten Dimension als nicht gegeben. Dort bei Gott überräumlich kann keinerlei Unrecht bestehen, denn dieses rein geistige *„Totusversum"* ist kein neutrales Vakuum, sondern holotisch die energetische Fülle der Gerechtigkeit im Licht Gottes selbst.

KAPITEL 40

Nun doch zu guter Letzt: Aller guten Dinge sind drei

Dinge an sich sind ja immer nur *Gut*, und jede Dinglichkeit verpflichtet sich, wie wir nun wissen, zu Recht mit Absolutheitsprinzip, verdichtet also zu absolutem Recht. Dinge lassen sich demnach rechtlich bezwingen, das Personenrecht aber zeigt auf, dass Gerechtigkeit immer im Schatten von Gesetzen keinerlei Absolutheitsanspruch erwirken kann.

So findet diese Reise auch nur vorläufig ein Ende, denn ein nachfolgendes Buch schafft wie ein Reset den Neustart. Die kommende Reise führt dann, so Gott will, anhand der biblischen Geschichten, unserer Vorgeschichte und unserer Geschichte in die Zukunft. Diese nachfolgende Reise setzt aber Grundsätzliches, also Gottes Wort, die Heilige Schrift als bekannt voraus und wird daher abwechslungsreich und leicht durch Zeiten und Welten springen, biblische Figuren besuchen und diese in unsere Realität implantieren.

Zuletzt führte uns also die Reise durch dieses Buch wieder zurück in die Dimensionen, die uns Gott bereitet hat, und zeichnete das Bild von der versteckten vierten Dimension!

Denn diese ist überhaupt nicht wirklich versteckt, ein Geheimnis zwar, aber dennoch in der Bibel für den gläubigen Verfolger von Gottes Wort offenbar. Wenn man mit Augen und Ohren am Mund Gottes hängt, ja daran festhält, eröffnet sich hier und da immer ein Fenster in diese göttliche Dimension.

„Im Hause meines Vaters sind viele Wohnungen, ich gehe und bereite euch, die ihr Gottes Kindschaft erlangt habt, eine Wohnung."

Wir, also jeder Einzelne hat geistigen *Raum*, ja sogar persönlichen Freiraum innerhalb der Gemeinschaft.

Ihr seht, liebe Leser, dass gar wohl von einer weiteren Dimension geschrieben steht. Wunderbar, wie das Wort Gottes durch den Heiligen Geist zu Gold werden kann. Es ist nämlich so, dass Gott, wenn wir ihn in unsere Dreidimensionalität körperlich einbeziehen, wie Gold wirkt. Wenn wir ihn in unser Leben bitten, er die Eigenschaften eben von Gold anzieht und auf uns reflektiert.

Alles, was die Schrift uns von Gott mitteilt, muss uns wie Silber sein, denn das Reden Gottes ist Silber. Somit kann umschrieben werden, dass höher Dimensioniertes immer nur nach unten wirken kann, nie umgekehrt.

Wenn wir sagen, Reden ist Silber und Schweigen ist Gold, zeigt das genau diese Systematik. Der wahrheitliche Satz meint, dass wir unseren menschlichen Horizont der Dreidimensionalität nicht wirklich ausschöpfen, daher auch nicht beurteilen können und also keinen allgemeingültigen Kommentar aus uns selbst abgeben können. Das begrenzt natürlich nicht unser Reden an sich ein, sondern eben den Inhalt, was unser Reden nach außen trägt, den Sinn, der oft durch mangelndes Urteilsvermögen *Unsinn*, eben im Verhältnis von Silber oder Gold höchstens Blech sein kann. Daher auch im Sinne von allgemeingültiger Gerechtigkeit nicht haltbar und tragend ist, sondern an den harten Fakten der Objektivität, an der *„Petra"*, dem Felsengrund, an eben dem durch Gott gelegten Grund zerbricht.

Gottes Reden also emittiert dimensional immer zu uns nach unten. Gott sagt: *„Bleibt bodenständig und geht nicht darüber hinaus."* Dies zeigt er uns Menschen mit Babylon, dass wir nicht über uns hinausgehen können. *Nicht aus uns selbst*, und wenn wir über uns hinauszielen, ist es der göttliche Geist, der zieht, oder der dämonische Geist, der drängt. Deshalb können wir auch nicht wirklich segnen, wie denn auch, wie wäre dies nach unten zu dimensionieren, wenn wir alle doch auf *gleicher Augenhöhe* sind, vor Gott gleich gelten?

Seine Stimme, die des Schöpfers, müssen wir kennen, von ihm dürfen wir uns ziehen lassen, nicht von anderem Geist drängen.

Wenn also Gott selbst nur nach unten greift, sein Gold eben versilbert, wie viel weniger könnte unser Reden, die wir doch weit weniger als Silber sind, zu Gold werden?

Daher müssen wir Gottes Reden in uns aufnehmen, in unseren Geist hinein und unseren Geist damit segregieren. Nur dann kann das Silber Gottes sein Wort in uns wieder zu Gold werden, vielmals gesiebt. Wie durch unsere Nieren muss dann alles Falsche zur Ausscheidung abgeführt werden, nur so gelingt uns die Heiligung des göttlichen Goldes. Abgesondert und sortiert bleibt uns dann eben die sortenreine Sinnhaftigkeit freimütig in unserem Ich!

Wollen wir nun noch einmal ins Paradies zu Adam und Eva zurückwinken. Weil unser *Deschawü*-Zug lange schon abgefahren ist, bleibt nur noch der Blick zurück ins Paradies. Wir sehen dort die Schlange in Vorzeitigkeit zucken. Sehen, wie der *Same der Frau* dem teuflischen Nachwuchs, also der Lüge, *den Kopf zertritt*. Wir sehen, dass die Schlange dabei ihr Gift in dessen Ferse gestochen hat, aber nur scheinbar einen Sieg erlangt.

All dies und warum *Abel* nur ein kurzer Hauch sein durfte, wie sein Name sagt, eine Nichtigkeit, und warum sich unser Angesicht immer zu Gott erheben muss, dass uns die Lüge nicht gefangen nimmt, sondern damit wir diese bezwingen, zeigt dann, wie gesagt, die nächste Reise in einem nachfolgenden Buch.

Auch die Geschehnisse und Erfüllungen von biblischer Prophetie werden dann besucht, um logische Zusammenhänge, selbstverständlich auch in naturwissenschaftlicher Sicht, als realistisch zu erfahren. Gerade weil heute Altersangaben im Buch *Genesis* für Methusalem mit 969 Lebensjahren nur unglaubwürdig erscheinen oder gar der Wendepunkt *Henoch*, welcher im Alter von 365 Jahren entrückt wurde, unrealistisch gilt, werden wir diese auch bei einer Rast der Reise treffen, um dann nachvollziehbar zu erfahren, wie und warum sich im Zeitalter von Mose die menschliche Lebenszeit schließlich auf 120 Jahre begrenzt. Wieso die Vorhersehung Gottes, aufgrund moralischer Rezession der Menschen, wirkt und die kopierten Informationen der RNA inflationär an Wert verlieren.

Wie ein Zug auf Schienen, der nur Ablenkung durch Weichenstellungen erfährt und unbeirrbar sein Ziel erreicht, läuft alles nach Gottes Plan, unserem freien Willen zum Trotz.

Nehmen wir aber noch etwas essenziell zum Leben mit, wenn wir jetzt am Ende der Reise aussteigen, ein Souvenir zum Andenken an die Gerechtigkeit. Ein Souvenir wie ein Schweizer Taschenmesser, nur unvergleichbar wertvoller.

Auf dass wir nicht immer das Gänseblümchen bemühen müssen, Blatt um Blatt, er liebt mich, *er liebt mich nicht*, er liebt mich, *er liebt mich nicht*, ***er liebt mich***!

Waffenrüstung Gottes, Segregation von Hass

Da Gott-gläubige Menschen direkt vom Heiligen Geist Gnadengaben erhalten, müssen diese logischerweise dazu dienen, für Gott zu zeugen!

Wohlgemerkt, dieser zu bezeugende Gott ist unser aller Schöpfer, und wohlwissend dessen, dass der Schöpfer alle Menschen liebt, erzwingt sich also dringend, dass Gnadengaben keinerlei globaler Begrenzung unterliegen können!

So wie Gottes Bund mit Noah ein Bündnis für die gesamte Menschheit darstellt und auch in Abraham neue Bestätigung findet, da dessen Glauben als Segen für alle Geschlechter der Erde Wirkung hat.

Diesem Ratschluss Gottes entgegen errichten wir aber mit unseren Religionen Begrenzungen, und auch innerhalb jedes religiösen Glaubens geschieht durch Sektierung weitere Trennung.

Anstatt die Grenzen zu überwinden, weil wir von der Liebe Gottes zu allen Menschen wissen, werden religiöse Grenzen verteidigt und scheinbar unüberwindlich aufrechterhalten. Wir müssen doch erkennen, dass die Trennungen, einerseits in die Linie Isaaks und andererseits seines Bruders Ismael, unmittelbar durch die Beschneidung der Familie Abrahams zwar sichtbar und körperlich von der restlichen Menschheit absondert, aber eben nicht mittelbar der geistigen Absonderung vom Körperlichen dienen konnten.

Es ist gut nachvollziehbar, was den Unterschied von geistigem und fleischlichem Leben demonstriert, und wir wissen daher, dass nur eine bewusste Beschneidung des „Herzens" unsere Heiligung bedingt.

Es ist eben nicht eine „Heiligung" im Sinne Gottes, wie wir anhand von Gottes irdischem Volk Israel sehr plakativ und körperlich nachvollziehen müssen, wenn das Gesetz der Überführung dienen muss und daher unsere Schuld ein immerwährendes Opfern erforderlich macht.

Vorgeschattet sehen wir bereits durch die Berufung Abrahams die Notwendigkeit eines wertvollen, weil einzigartigen Opfers als Sühnedeckel, welches aber nur durch bewusstes Erkennen, Schuldbewusstsein und Reue wirken kann.

Gerade heute sollte es uns ein Sinnbild sein, dass die direkten Nachkommen Isaaks, nun also Jakob und Esau, wieder zwei Brüder im Streit um die Verheißung, in Zwietracht fallen. Jakob erschleicht sich die Verheißung, erkämpft sich im Ringen vom Fleischlichen mit dem Geistigen ein *fleischliches* Leben, indem er sich fortan als „Israel", „Kämpfer für Gott" verkörpert.

Wegen irdischer Verheißungen für ein reiches und gesundes Leben stellt er sich und seine Nachkommen unter Gottes direkte Königsherrschaft als irdisches Volk Gottes.

Des Schöpfers Allwissenheit und seine Vorhersehung lassen den Heilsplan für alle Menschen im Verborgenen, prophezeien aber durch Israel, schaffen über sein irdisches Königtum eine Rechtsgrundlage zur Rettung durch Gesetzes Legitimation.

Nun ist der Zaun um Israel nicht nur sichtbar durch das Gesetz, sondern, und das ist essenziell, durch direktes Eingreifen Gottes in und für die Angelegenheiten seines Volkes auch spürbar.

Gott nötigt sich somit selbst für unser aller Heil herab zu königlichen Pflichten und führt diese auch bedingungslos aus. Unser aller Schöpfer ist also während der Zeiten, in welchen „Israel" der direkten Regierungsgewalt Gottes untersteht, der Gott Israels in Personalunion.

Die logische Konsequenz dabei ist, dass der freie Willen der Menschen wesentlich hinter das Gesetz seines irdischen Volkes zurücktritt. Das heißt, der Zaun um Israel tangiert direkt und indirekt die gesamte Menschheit, hat aber die Notwendigkeit, den Heilsplan Gottes rechtskräftig vor der gesamten Welt, eben auch gerade für diese zur Wirkung zu bringen.

Wie der Zaun um Hiobs Leben seinerzeit nur auf Hiob selbst wirkte, um uns indirekt die Gesetzmäßigkeiten der Schöpfung nahezubringen, wirkt der Zaun um Israel eben auf alle Menschen zur Erkenntnis der Gesetzlichkeit.

Wir dürfen direkt erkennen, dass das Gesetz nur der Überführung dienlich ist und eben nicht automatisch Heiligung bewirkt, und müssen indirekt erkennen, dass Gesetzlichkeit selbst Schuld bewirkt.

Über diese Abtrennungen hinaus wird uns also sichtbar und erfassbar, dass unser Schöpfergott für alle Menschen heilig sein muss.

Dies sagt er uns deutlich mit dem Verbot, keine andere Götter neben ihm zu haben, aber noch ausdrucksvoller mit dem Verbot, uns selbst gottgleich zu machen.

Wir sind durch unseren Willen in der Lage, uns selbst, der Welt und Gott zu bekunden, dass wir uns unserm Schöpfer dankbar unterstellen mögen.

Nur dadurch erfahren wir persönlich die Heiligung entgegen der natürlichen Welt. Nur eine selbst gewählte Einzäunung unserer Seele schützt uns also vor Einfluss und macht uns somit frei.

Der Zaun kehrt sich eben um, indem unsere Freimütigkeit im Sinne Gottes die vielen falschen Rückschlüsse, Ideologien und Lügen gefangen nimmt.

Der Heilige Geist Gottes tauft uns, um unsere natürliche seelische Natur in das geistige Element einzuführen, in welchem wir durch die Waschung im Wort Gottes unsere Wiedergeburt im Geist bewusst vollziehen. Wie durch einen nachgeahmten rituellen Vorgang der Reinigung müssen wir uns bewusst sein, dass es ein Umdenken von hundertachtzig Grad entgegen unserer menschlichen Gefühle bedarf, um Gott zu folgen.

Genau dazu bekommen wir von Gott neben aller Gnadengabe eine Ausrüstung, welche uns in der Welt leben und dennoch unser neues geistiges Element überleben lässt.

Die Waffenrüstung Gottes wirkt auf geistiger Ebene, sodass wir getrost und mit Gottvertrauen die Welt nutzen können, ohne in Sünde zu leben, also ohne unser Ziel zu verfehlen.

Der Brustpanzer der Gerechtigkeit dient der Gesunderhaltung der Wahrheit. Welche dann eben unsere Bereitschaft für Gott zu Zeugen beschuht und durch das Bekunden derselben das Evangelium Gottes in eine Extraversion wandelt und dadurch zur Weitergabe des göttlichen Friedens führt.

Dazu haben wir das Schild des Glaubens, gegen exogene und endogene Anfechtungen, den Helm des Heils, also unsere Errettung, und das Schwert des Geistes, zur Argumentation mit dem Wort Gottes. Diese Geisteswaffen sind essenziell für unsere Erkenntnis der Nötigkeit, dass die vollkommene Gerechtigkeit des Schöpfers eben Sühnung für alle Schuld der Welt erfordert!

So dienen diese Gaben also vorrangig der Verteidigung und Aufrechterhaltung der Wahrheit in uns selbst und erkämpfen auf dem Kampfplatz unserer Seele durch Einsicht unsere Bereitschaft zur Buße.

Gerade durch das als heilig errungene Leben im Geiste dürfen wir erkennen, dass wir von uns selbst nichts erbringen können, weil wir ja immer und immer wieder der Vergebung bedürfen.

Dieser wahrhaftige Glauben an den Schöpfer macht uns frei von der Versklavung durch die Lüge, welcher wir uns als natürlicher Mensch ausgeliefert sehen. Freimütigkeit erkämpft sich also vom Geistigen heraus den Freiraum, im Körperlichen auszuharren und nicht klagvoll aufzugeben und gegen das Wollen des Fleisches zu verlieren.

Wir müssen uns nicht mehr anfeuern lassen, um gegen Gott zu rebellieren.

Wir müssen uns nicht mehr anfeuern lassen, um Menschen mit einem uns fremden Glauben zu überführen. Wir können aber die Existenz unseres Schöpfergottes, seine vollumfängliche Liebe und seine vollkommene Gerechtigkeit vor der Welt bezeugen. Doch genau darum müssen wir nun die geistigen Ketten der Religionen, die gesetzlichen Fesseln und alle ethnischen Hürden im Sinne der Liebe Gottes zu allen Menschen überwinden.

Wir müssen die erkannte Notwendigkeit, dass Gottes vollkommene Gerechtigkeit der Sühnung bedarf, welche wir Menschen niemals leisten können, kausal und logisch offenlegen und eben nicht einhüllen.

Die Notwendigkeit liegt doch auf der Hand, weil wir ja all das Klagen und all das Leid wissen und selbst auch ständig darin Genüge fordern. Wir müssen uns der Kraft Gottes völlig anvertrauen, vertrauen, dass er lebendig bei uns ist und auch wirklich alles zum Guten führen kann, genauso wie er eben durch sein eigenes rechtsgültiges Opfer für alle Schuld der Welt Sühnung bereitet hat! Wir müssen unsere Kleingläubigkeit kreuzigen und mit jeder Scheinheiligkeit begraben, um dem Wahn und Irrsinn der Welt unser Gottvertrauen entgegenzustellen. Wenn wir ein Vorrecht haben durch Geburt und auch bereits aus Vorrecht den Schutz Gottes durch seine Vorhersehung genießen dürfen, müssen wir doch gerade den Ratschluss Gottes, den Grundstein, welcher gelegt ist, nicht als unser Recht, sondern als Sockel für alle Menschen in die Welt stellen. Dieser Sockel darf doch logischerweise nicht zu einer Hürde heranwachsen, weil wir den Balken in unserem Auge übersehen, uns aber jeder Splitter in den Augen von weltweit „gläubigen" Menschen stört! Wenn uns Gott doch ausdrücklich in genau diesem Zusammenhang sagt, dass er den Duft unserer lieblichen Opfer nicht mehr länger riechen will!

So wie Hesekiel die Mauern niederreißen sollte und sich Gottes Wort körperlich einverleiben musste, genauso müssen wir alles für uns scheinbar Unmögliche zerreißen, um dann ohne einen Zweifel die unvorstellbare Möglichkeit von Gottes Schöpfungskraft zu erachten.

Wie ein Spiegelbild von Hannas Ringen wegen Peninnas „Vorrecht" der Fruchtbarkeit, oder eben das Ringen Jakobs, welches ihm schmerzhafte Verletzungen bringt, gelten Gottes Versprechen und sein Ratschluss als unumkehrlich.

Gott lässt sich nicht für unsere Gefühle zwingen, aber wir leben in der Gnadenzeit und in der Zeit der Erfüllung.

Gott liebt alle Menschen, daher hasst er unser aller Tun; Allahu Akbar, Gott ist am größten, Ehre sei Gott dem Herrn. Amen

Schlussteil

Zusammenfassung und Ausblick

Uns Menschen ist im Klartext vermittelt, dass seit Pfingsten vor bald zweitausend Jahren Gnadenzeit herrscht. Der Heilige Geist Gottes ist seitdem jedem Menschen auf der Erde anheim, sofern dieser Gott in sein Leben lassen will.

Der Heilige Geist ist der, „der zurückhält", also die aktive Kraft Gottes gegen jede geistige Übermacht, unser Helm des Heils sozusagen.

Dieses Heilszeitalter Gottes wechselt von der Gnadenzeit zur sogenannten „Gerichtszeit", mit dem Weggang des Heiligen Geistes, welcher „dann" eben nicht mehr zurückhält. Die Kinder Gottes werden gleichsam im Geiste „entrückt", um in ihrem natürlichen Leben dem Einfluss zum geistigen Tode nicht erliegen zu können, das persönliche Einfallstor wird sozusagen geschlossen. Die aktuellen und noch kommenden apokalyptischen Katastrophen sind also ganz gewiss nur durch uns, den Menschen selbst bedingt.

Die Offenbarung ist schon immer im Gang, die Reiter galoppieren schon längst über uns hinweg, die Schalen ergießen sich über uns, ohne dass wir ausweichen könnten. Die Posaunen schreien es uns bereits seit langem und immer lauter werdend zu.

Wir könnten es eigentlich nicht übersehen, nicht überhören und müssten es körperlich spüren, dem natürlichen Menschen bleibt keine Entschuldigung.

Die laute „Trompete" ab Januar 2017 wahrzunehmen, um unsere Laufrichtung zu korrigieren, hätte vielleicht die Situation geändert, laut und unverschämt genug *Trump*etete es in unser aller Sinn, unsinnig genug und überheblich genug, um es nicht zu überhören. Dennoch unerhört, folgenlos und mit tödlichen Konsequenzen!

Traurig heute, aber wer trägt die Verantwortung?

Egal für die Toten, schlimm für die Überlebenden, so scheint es, aber ist es auch so?

Wir wissen ja, wie es letztendlich ausgeht nach Gottes allwissender Vorhersehung. Aber eben nicht seine Vorsehung führt ins Gericht, es ist unser desolater Wille, unsere destruktive politische Haltung und unser respektloser Umgang mit allem.

„Wie oft habe ich euch unter meine Fittiche gerufen, aber ihr habt nicht gewollt", gilt eben nicht nur Israel, sondern der gesamten Welt.

Diese aber versinkt lieber in Schein-Heiligkeit anstatt sich unter Gottes Hilfe der Rettung zu beugen.

„Verhärtet eure Herzen nicht", ist dieser Aufruf Gottes, lange schon zu spät für die Welt voller *Ungläubigen*? Wie es einst der Pharao bebildert erzählt oder die Offenbarung mit dem „Irrwahn über der Welt" beschreibt, gibt es wohl doch irgendwann ein „zu spät"!

Für wahrhaftig „Gläubige" ist dies alles schon fast zweitausend Jahre lang offenbart, aber die Welt als Ganzes ist einerseits durch ihre Religionen narkotisiert und andererseits durch ihre eigene Theorie geistig verödet.

Ob wohl doch der Theo log, wenn das Präfix von *„Theo"* göttlich meint und dessen Suffix *„logie"* vom griechischen lógos kommt, was auch das Wort Gottes und unseren Schöpfer selbst und also den Schöpfungsakt wörtlich bezeichnet? Für die Welt aber hält das Suffix *„logie"* die Wissenschaft fix auf einem jeweiligen Gebiet. *Theologie*, so meint man, müsste doch Wissen schaffen, wissenschaftlich von Gott erzählen, dessen Sinn tragen, Gottes Rede mitteilen und mit Vernunft, also logisch und kausal vom Alpha bis zum Omega alles umfassend lehren. Die *Theologie* müsste ihn doch kennen, den Christus als den Ersten und den Letzten, die weiß doch sicher, dass es nur durch ihn möglich ist, zu Gott zu gelangen. Jesus selbst sagte doch: *„Ich bin die Tür; wenn jemand durch mich hineingeht, wird er selig werden, wird ein und aus gehen und Weide finden."*

Wie eben diese Reise in meinem Buch die Tür zu Gott aufzeigen sollte, um den Leser für Gott, vor aller Anfang, in den gerechten Raum zu führen, seine Schöpfung begleitend, so könnte die nächste Reise in einem folgenden Buch weiterführen, bis das **End**ziel, diese *Weide* Gottes, wirklich vor unseren Augen auftaucht.

Anhang

Intention:

Der Autor bezeugt einen lebendigen Gott und Schöpfer von allem.

Der Autor führt dazu Beweis anhand von realer Systematik der Schöpfungsordnung und zeigt auf, dass Gott innerhalb seiner Existenz alles Räumliche, alles Geistige und alles Körperliche auf vollkommener Gerechtigkeit gründet.

Der Autor bekundet, dass nur Gott in Allwissenheit und Allmächtigkeit durch Beschlussfassung und Berufung alles ins Dasein bringen kann. Darüber hinaus erklärt der Autor, dass der Schöpfer bezüglich des Schöpfungsentschlusses seine eigene geistig-personelle Vollumfänglichkeit beschneidet und dadurch ein Existieren von individuellem Leben mit freiem Willen erst ermöglicht. Nur abgelöst von seiner Permanenz, die keinerlei Unrecht zulässt, können wir überhaupt bestehen, „es verbirgt sich seine Macht", umschreibt diese Tatsache aus menschlicher Sicht.

Der Autor zeichnet ein Bild, in welchem sich alles Materielle in dieser von Gott als Urheber hergestellten hierarchischen Abfolge einordnet und sich willenlos innerhalb der Systematik des geschlossenen Systems fügt.

Der Autor erkennt, dass ebenso alles Lebendige nach Gottes Ratschluss seiner Schöpfungsordnung untersteht, welche bedingt, alles nach seiner Art, und ermahnt, dass jede geistige Existenz über ihre Persönlichkeit definiert ist, ihr Bewusstsein völlig frei entwickelt und innerhalb der eigenen Willensbildung nicht beeinträchtigt wird.

Quintessenz:

Nach Gottes Bild zeichnet sich also ein Individuum durch ein eigenes Ego mit völlig freiem Willen erst als eine Persönlichkeit aus und untersteht somit keiner festgesetzten Abfolge.

Ob sich nun der „freie" Geist den ihm eigenen Gefühlen ausliefert, indem er sich der Sensorik, Rhetorik und Gedankenbilder seiner Eingebundenheit des Körpers unterstellt, oder ob die Persönlichkeit selbst ihre Körperlichkeit beherrscht, bleibt also dem Schöpfungsbeschluss folgend in unserem eigenen Ermessen.

Die Unsterblichkeit des Geistes aber, welcher das Individuum darstellt, ist unvoreingenommen um ihres ewiglichen Verbleibes.

Göttliche Gemeinschaft im Lichte erfordert das Wesen reiner Wahrheit und lauterer Liebe; nichts, was Schatten wirft, kann vor Gott bestehen, denn innerhalb der göttlichen Sphäre gilt ein völliges Gleichgewicht allen Geistes!

Die Last von offener Schuld aber gibt einem Anspruch Bestand, welcher Verletzung in sich trägt. Einer Forderung nicht genügend, verharrt die Existenz im Spiegel ihres irdischen Daseins ungeklärt in Liquidation, verbleibt also fern jeder geistigen Gemeinschaft Gottes.

Der Autor

Bernhard Willi Engelreich, geboren 1961 in Heidelberg, absolvierte nach dem mittleren Bildungsabschluss eine Ausbildung zum Einzelhandelskaufmann. Besondere Fähigkeiten im handwerklichen Bereich brachten ihn in die Stellung als Hausinspektor in einem großen Modehaus; Seit 20 Jahren ist er im öffentlichen Dienst tätig. Als junger Mensch in der Kirchengemeinde engagiert und verankert, lernte Engelreich die reale Welt fern seiner Vorstellung kennen. Ein hartnäckiger Kampf um das Erlangen von Wahrheit führte ihn zum Studium religiöser Schriften. Als Schriftsteller verfasste er Traktate, so auch sein neuestes Werk „Gerechtigkeit im Schatten des Gesetzes und im Lichte Gottes". Engelreich ist seit 1984 verheiratet und Vater dreier Kinder; Nicht zuletzt deren Werdegang öffnete ihm den Sinn, verdrängt von den Anforderungen des Alltags. Er erkannte, dass jegliche Konkretisierung von Meinung aus dem persönlichen Verhältnis zum Schöpfer resultiert.

novum VERLAG FÜR NEUAUTOREN

Der Verlag

Wer aufhört
besser zu werden,
hat aufgehört
gut zu sein!

Basierend auf diesem Motto ist es dem novum Verlag ein Anliegen, neue Manuskripte aufzuspüren, zu veröffentlichen und deren Autoren langfristig zu fördern. Mittlerweile gilt der 1997 gegründete und mehrfach prämierte Verlag als Spezialist für Neuautoren in Deutschland, Österreich und der Schweiz.

Für jedes neue Manuskript wird innerhalb weniger Wochen eine kostenfreie, unverbindliche Lektorats-Prüfung erstellt.

Weitere Informationen zum Verlag und seinen Büchern finden Sie im Internet unter:

www.novumverlag.com

novum VERLAG FÜR NEUAUTOREN

Bewerten Sie dieses Buch auf unserer Homepage!

www.novumverlag.com